진부한 에세이

오수영

고어라운드

관계의 길목을 서성이다

* 일러두기

- 작가 특유의 문체를 지키기 위한 비문이 포함되어 있습니다.
- 글이 나열된 순서는 특정한 사건과 흐름을 따르지 않습니다.

순간과 기억

2012~2016

개정 서문

    오랫동안 절판 상태였던 나의 첫 번째 책을 새롭게 개정했다. 이 책의 절반은 이십 대 작가지망생 시절 블로그에 남겼던 글들이고, 나머지 절반은 그 꿈을 포기한 후 사회초년생 시절 직업과 조직 문화에 적응하려 애썼던 날들의 기록이다. 그 모든 시절의 나는 유독 관계의 성장통을 앓았다. 적당히 덜어내야 할 유년시절의 마음을 어른의 세상에 몰래 반입한 대가는 혹독했다. 그때의 마음으로 관계를 대할수록 서운함과 원망만 쌓여갔고, 급기야 관계에 직면하기보다는 방치와 외면으로 일관한 채 청춘의 시절을 보냈다.

    그런데 그때도 지금도 나는 관계의 길목을 서성일 뿐 쉽게 발걸음을 내딛지는 못한다. 세월이 이렇게 많이 흘렀는데 망설임은 여전한 걸 보면 역시나 사람의 기질은 쉽게 변하지 않는 걸까. 변화가 있다면 그때는 관계에 실망한 만큼 미련도 컸지만, 지금은 실망할 만큼 큰 기대를 품진 않아서 미련도 적다는 점이다.

단순히 나이가 들며 마음이 무뎌진 탓일 수도 있고, 다양한 관계를 경험하며 나를 지켜내는 최소한의 태도를 학습했는지도 모른다. 그때는 관계 속의 충만한 나를 갈망했지만 지금은 관계 밖에서도 온전한 나를 추구한다.

그렇다면 관계의 적당선을 찾으려던 그때의 모든 노력은 헛수고였을까. 물론 지금의 시선으로 그때를 바라본다면 아마도 그럴지도 모르겠다. 하지만 그때의 나는 시간이 흐르면 자연스레 무뎌지거나 해결되는 고민들도 많다는 것을 짐작조차 하지 못했을뿐더러 누군가 그렇게 다정한 조언을 건넸어도 반항심으로 외면했을 것이다.

그럼에도 그 시절을 돌아보면 후회보다는 존중의 감정이 먼저 떠오른다. 다른 선택지를 상상조차 할 수 없었던 그때의 내게는 관계를 겉돌며 혼자가 되는 것이 최선의 노력이었기 때문이다.

어쩌면 관계의 성장통은 끝없이 반복되는 인생의 고행인지도 모른다. 한 시절의 고민이 끝나면 곧바로 다른 고민이 따라오고, 때로는 여러 고민이 동시에 몰려들기도 한다. 지금의 나는 관계의 환상과 기대를 최대한 내려놓기로 했다. 환상을 품으면 환상에 집착하며 현재에 소홀해지는 법이니까. 어떤 관계도 순전한 하나의 감정만으로 이뤄지거나 아무런 마찰 없이 지속되지 않는다. 모든 관계를 감당하려는 노력은 나 자신의 상실로 이어지고, 무엇보다 관계 속의 인생과 행복만이 유일한 정답이라는 단정 대신 나에게 맞는 삶의 방식을 찾는 것이 중요하지 않을까.

관계의 회의주의자도 언제나 냉소와 허무로 세상을 대하지는 않는다. 오히려 영원과 환상을 품지 않기 때문에 더욱 현재에 충실한 삶을 산다. 섣불리 관계의 먼 미래를 기약하기보다는 묵묵히 오늘에 전념하며 가까운 내일을 준비한다. 물론 생각과 믿음은 시기마다 계속해서 수정되겠지만, 지금의 관계는 순간의 인연들을 느슨하게 마주하는 정도면 충분하다.

그렇게 살아낸 하루가 쌓인 훗날의 나는 과연 어떤 모습일까. 그때의 내 모습을 확인하기 위해서라도 어떤 순간에도 이 삶을 끝까지 부여잡아야겠다.

2024년 겨울
오수영

서문

    사람들은 서로의 관계가 익숙해지기 시작하면 그들 사이의 벽이 사라진다고 믿는다지만, 어쩐지 저는 그들이 서로에게 익숙해질수록 벽을 점점 더 높게 쌓아가는 느낌입니다.

    벽 앞에서 밀려나는 일이란 서로 연결된 마음이 타의에 의해 강제로 분리되는 느낌이었습니다. 때로는 벽 앞에 다가서다 지레 겁먹고 스스로 뒷걸음질치기도 했고, 애초부터 결말을 확인한 영화처럼 시작도 하지 않은 채 자기 안으로 숨어버리기도 했습니다.

    그런데 우리는 과연 관계의 소멸 앞에서 익숙함이라는 그 경계 너머를 상상해 본 적이 있었을까요.

    관계에 대해 아무 날에나 써내려갔던 이십 대의 기록들을 한데 모았습니다. 지금보다 더 예민하고 날카로웠던 시절의 글들과, 조금은 무뎌진 시절을 글들을 대부분 수정 없이 그대로 실었습니다.

가족과 지인에게 나눠줄 용도로 이 책을 만들었지만, 결국은 한 시절의 제 모습을 영원히 간직하고 싶었는지도 모르겠습니다.

2017년 여름
오수영

목차

007   개정 서문
010   서문
019   익숙해진다는 것에 대해서
024   기록의 의미
027   인스턴트
030   당신과 나의 결핍
033   시력에 대해서
035   깡통에 갇히다
037   사진의 아이러니
039   사랑을 멈출 수 없는 병
040   관계의 굴레
042   인증의 시대
044   당신과 나의 인연
046   엄마의 흔적
049   꽃이 피길 기다리는 마음
050   안부를 물을 수 없는 이유

052	성장통
054	나를 위한 변명
057	멈춰진 관계
058	잔해들
059	행복을 바라보는 일
061	당신의 텅 빈 지갑
066	우리 곁의 외로움
068	디지털 시대의 사랑에 대해서
071	무관심
073	말의 홍수
075	사람이 변할 수 있을까
077	새벽의 동물들
081	선인장
082	사랑에 대한 단상
085	오래된 일기장
087	당신과 나의 보폭
088	우리의 열등감
090	우리가 멀어지던 그 순간
094	자기 안의 감옥
095	사회생활
098	정적인 삶

101	혼자만의 시간
103	새벽에 걸려온 전화
106	회복기
107	느낌으로 기억되는 것
108	눈물의 방법을 잊은 사람들
110	안부
111	안경
112	남겨진 것들
114	슬픔의 형식
116	철부지
119	그런 적이 있었다
121	감성의 조각들
123	언제까지나 나를 잃지 마
125	바람이 지나가고
126	일상의 테러
128	우리가 놓아버린 것들
133	불투명
135	경계의 삶
137	우리 동네 대여점
139	익숙함과 소홀함
141	앵무새

143	당신의 변수
146	재능이라는 것
149	산타클로스는 어디로 갔을까
154	글쓰기의 이면
156	자기 비하
158	벽을 타고 넘어오는 울음소리
160	행복의 학습
161	항구의 밤
163	로또 가게
165	만나지 않은 사람과 이별하기
168	상흔이 남는다는 것
169	돌탑
172	기대라는 부메랑
174	예술가들의 삶
177	거짓말의 유혹
179	적당한 관계들
181	계산하는 마음
183	달력의 무게
185	간격
186	온기를 간직한 사람들
187	그날의 광주

190	흔한 말들의 의미
192	나를 기억하고 있는 나에게
198	정체
200	당신이 좋아지던 그 순간
202	사랑의 기원
203	노동이 끝나고
205	대학이라는 공간
209	우리 얼마나 함께

*

오래된 기록들

익숙해진다는 것에 대해서

사직서, 학원을 떠나며

언젠가 시간이 흘러 이곳을 떠나는 날에는 그동안 품고 있던 제 마음을 전하는 글을 남길 것이라 생각하고 있었지만, 이렇게 갑작스럽게 떠날 줄은 저조차도 예상하지 못했습니다. 누구나 불가피한 각자의 사정이 있겠지만 결국 그 불가피는 공들여 제작된 것으로 의심받기 마련이라 신입 한 명이 떠나는 연유는 말하지는 않는 편이 좋겠습니다. 짧은 시간을 이곳에서 머물렀지만 생각보다 많은, 곁에 오래도록 머물 줄로만 알았던 많은 인연이 서로의 곁을 스쳐 지나갔고, 지금은 제가 그들 곁을 스쳐 지나갈 차례입니다. 아쉬운 마음에 오늘은 여느 때보다 조금은 긴 편지를 남깁니다.

인간관계에 있어서 그것이 순수한 사랑, 우정, 혹은 직장에서의 생존을 위한 가장된 관계 일지라도 처음부터 이별을 생각하며 시작하지는 않을 겁니다. 하지만 또 어느 누가 이별을 생각하지 않은 채로 관계를 시작할 수 있을까요. 누구나 한때는 영원을 믿었던 시절이 있었겠지만 그럴수록 자신의 상처만 곪아간다는 것을 깨달은 순간부터는 아마도 의도적으로 만남과 이별에 익숙해지고, 그렇게 무뎌지기 시작했을 겁니다. 익숙해서 괜찮다는 말은 그만큼 상처가 깊어 치유 불가하다는 말이 아닐까 싶습니다. 물론 간혹 애초부터 상처라도 받을 수 있는 감성이나 양심을 지니지 못한 사람들도 있지만 그건 어디까지나 상식 밖의 이야기입니다.

모든 변해가는 것들에 익숙해지는 것. 가끔은 그것을 경계해 봐도 좋겠습니다. 이를테면 계절이 변하듯 만남 뒤에 이별이 찾아온다는 것도, 꿈 많던 아이가 탐욕스러운 어른으로 변해가는 것도, 미숙한 문화에 갇히면 결국은 서서히 받아들여 일상이 되는 것도 무척 슬픈 이야기입니다.

추운 겨울 거리에서 과일 몇 개 내어놓고 팔고 있는 할머니에게 그 과일값을 깎으며 웃음 짓는 모습은 우리가 어릴 적 꿈꾸던 모습이 아니고, 학원 수강료를 내지 못해 재등록을 할 수 없는 가난한 학생을 돈 없는 기초생활수급자라고 방관하며 부유한 학생에게만 미소 짓는 모습(이것은 익숙함보다는 몰락이라는 단어가 어울리는)도 우리가 바라던 모습은 아닐 겁니다. 어쩌면 익숙해진다는 것은 때로는 이토록 섬뜩한 게 아닌지 가만히 생각해 봅니다.

지금 우리는 눈이 있어도 보지 못하고 귀가 있어도 듣지 못하는 시대를 살아가고 있습니다. 타인의 고통을 헤아리기에는 당장 본인의 삶부터가 답이 보이지 않아 질식할 듯 답답하고, 선뜻 내미는 선의에는 의심부터 해봐야 하는 불신사회를 정면으로 관통하고 있습니다.

자신의 진심을 고스란히 다 내보여주면 상대방이 언제 등을 돌릴지 몰라 불안에 떨며 일상을 버티듯 살면서 정작 소년들에게는 사회생활이라는 게 원래 이런 것이다, 네가 아직 세상을 모르는 것이라며 서둘러 익숙해지길 강요합니다. 설령 흘러가는 대로 살지라도 누구에게나 마지막 끈 같은 것이 있을 것이라고 믿습니다. 종교, 양심, 혹은 소중한 사람과의 약속이나 꿈같은 것들. 그게 무엇이든 자신을 극단으로 치우치지 않게 중도의 영역에 붙잡아주고, 가슴이 있는 인간으로서의 최소한을 지켜주는 것들에 조금 더 기대를 걸어보고 싶습니다.

이곳에서 많은 학생을 만나며 그들로부터 많은 것을 배울 수 있었고, 또한 조금이나마 베풀 수 있었습니다. 그들의 눈빛과 마음으로부터 한때는 제게도 존재했던 열망과 순수함, 그리고 세상과 타협하지 않는 치기와 안정된 포용력을 배웠고, 마음의 산고를 동반하는 청춘의 고민을 공유하며 작은 위로를 나누기도 했습니다.

때로는 통제할 수 없는 욕심에 스스로 몰락해버린 동료의 모습을 관조하며 내심 씁쓸한 위로를 보내기도 했지만 말입니다. 사람이나 기업이 성장한다는 것은 규모만을 이야기하는 것은 아닐 겁니다. 예전에는 이해할 수 없던 것들을 이해하고 포용할 수 없었던 것들을 포용할 수 있게 되는 것 또한 (어쩌면 진정한)성장이 아닌지 생각해보게 되었습니다.

이토록 성숙하고 진보적인 문화, 그리고 공정한 경쟁이 뒷받침된 공간에서 저는 턱없이 부족했습니다. 노트북 화면보다 사람에게 조금 더 깊숙이 잠겼어야 했는데 다른 업무로 인해 시간이 없다는 핑계로 학생들과 소통하는 시간을 점점 줄여갔고, 그렇게 서서히 멀어진 관계는 이내 서로에게 익숙해졌습니다.

처음의 결연했던 각오와는 다르게 뜻대로 되지 않자 소통은 불편해졌고, 결국 마음을 꺼내 보여주는 그런 날들은 돌아오지 않았습니다. 믿고 따라만 오라던 사람이 정작 자신들을 귀찮아한다는 것을 느꼈을 때의 그 숨겨진 심정은 얼마나 캄캄했을지, 사탕발린 말들이 결국은 말뿐인 말들이었다는 것을 깨닫는 순간, 소통의 빈자리에 어느새 서로를 가로막는 벽이 자라났다는 것을 절감했습니다.

작별의 순간에는 항상 이렇게 부질없는 생각이 많아지나 봅니다. 아쉽고 미안했던 기억들이 한데 엉켜 뒤섞이고 있습니다. 감히 건방지게 신선 같은 소리를 늘어놓은 것은 아닌지 걱정도 되고, 행여나 저의 난삽한 글에 언짢으셨다면 아직 세상을 모르는 치기어린 젊은이가 객기를 부렸구나 하고 너그러이 감싸주시길 바랍니다.

저는 이곳에 첫발을 내디뎠던 날부터 지금까지 걸어온 모든 순간과 인연을 기억합니다. 떠나간 사람들과 머무는 사람들, 그리고 떠나갈 사람들까지. 그들과 나눴던 모든 대화와 감정을 떠올립니다. 언젠가 이 시간을 생각하면 눈물 흘리는 밤들이 찾아올 것이고, 결국 가만히 미소 짓는 날들도 찾아올 것입니다. 모든 순간이 각별했던 이곳에서의 짧았던 시절. 분에 넘치는 아름다운 추억을 고스란히 담아 갑니다. 시간이 많이 흘러 이 추억이 희미해지고, 그마저도 익숙해질지라도 결코 영영 잊지 않겠습니다.

감사했습니다.
(2014)

기록의 의미

*

모든 것은 기록될 필요가 있다. 평범한 사람의 인생에도 역사적 책임이 존재한다면 기록은 가장 정확하고 온전한 삶의 증명일 테니까.

**

시간의 강물 위에 띄워진 우리의 기억은 생각보다 빠르게 멀어진다. 이따금 그 기억들은 풍랑을 만나 뒤섞이며 순서를 망각하기도 하고, 급기야 날씨와 기분에 따라서 마음대로 조작되기도 한다.

특히나 과거의 감정은 그 깊이를 불문하고 잔인할 정도로 쉽게 잊히기 때문에 기록해 두지 않으면 '없던 일'이 되어버린다. 당신과 함께했던 아름다운 시절의 한 조각이 서서히 희미해지다가 결국 기억 속에서 영원히 사라지는 일. 그것은 슬픔보다는 허무에 가깝다.

사랑을 기록하는 근본적인 이유는 기억의 파편일지라도 어떻게든 오랫동안 간직하고픈 간절함에서 비롯된 것이 아닐까. 기록하는 일에는 다양한 방법이 존재하겠지만, 오직 언어만이 기억을 가장 구체적이고 온전하게 봉인한다고 믿는다.

***

우리는 흐르는 강물을 잡아두려 무던히도 애쓰지만 결국 손가락 사이로 빠져나가는 강물을 허망하게 바라볼 뿐이다. 그럼에도 여전히 사랑에 대한 환상과 후회와 미련과 환멸을 품고 다시 한번 머뭇거리며 강물에 손을 담근다.

그런데 왜 이런 어리석은 행위를 반복하게 되는 걸까. 아마도 그건 사랑이 존재가 아닌 부재로서만 깨닫는 감정인 탓인지도 모른다. 끊임없이 지나간 사랑을 반추하며 습관처럼 지속했던 만남의 시간과 서로의 의미를 그제야 깨닫고 조금 더 성숙해진다. 그렇게 지나간 사랑이 떼어주고 간 흔적들로 다가올 사랑을 마중할 마음의 준비를 한다.

수많은 사랑의 시 또한 존재가 아닌 부재에서 비롯되었다. 한동안 곁에 머물렀으나 이별할 수밖에 없던 사랑은 그때는 차마 표출되지 못한 감정들을 남기고 떠났다. 아마도 우리는 사랑의 잔영만 남은 그 감정들 앞에서 참회하고 다짐하며 펜을 들었을 것이다.

사랑을 잃고 뒤늦게 쓰는 말들이 무슨 소용일까. 하지만 누군가는 이렇게 정적인 방식으로 정화와 재생의 시간을 갖기도 한다. 사랑이 지나간 그 빈자리를 채우는 건 지나간 사랑을 대체할 다른 새로운 사랑이 아닌 충분한 성찰의 시간이다. 성찰이 결여된 사랑은 결국 영문도 모른 채 비슷한 지점에서 실패할 가능성이 농후하기 때문이다.

성찰의 끝에 우리는 '그냥' 이별한 게 아니라 너무도 '정확하게' 이별했다는 것을 깨닫고 자신의 생각과 마음을 수정한다면 과연 다음의 사랑은 조금 더 희망적일까. 물론 사람이 변하는 것만큼 어려운 일도 없겠지만, 기록하며 자신을 성찰하지 않는다면 변화의 가능성을 애초부터 차단하는 셈이다.

그렇다면 기록하는 일을 모든 변화의 시작점으로 생각해도 될까. 적어도 내게는 다른 무엇보다 기록이 최우선의 방법이다. (2014)

인스턴트

　우리가 낭만적 사랑이라 부르던 것들은 사라졌다. 이 시대의 사랑은 추울 땐 걸쳤다가 더울 땐 언제라도 벗을 수 있는 얇은 외투처럼 가볍고 간편하다. 손가락으로 화면을 두드리며 사랑을 시작하고 이별마저 손가락으로 화면을 두드리며 끝낸다. 사랑에서 발생하는 여러 가지 감정들을 감당하는 건 익숙하지 않고, 불편하며, 그리고 부담스럽다. 그럴 때는 고장 난 전자기기를 다루듯 여기저기 눌러보다 마음대로 되지 않으면 손쉽게 전원을 꺼버린다. 우리의 감정에는 아무런 타격이 없다.

　이러한 간편한 사랑의 방식은 우리가 독감에 걸리기 전 미리 예방주사를 맞는 것과도 같다. 온전히 자신을 지키기 위함이다. 낭만적이고 헌신적인 사랑이 머물다 떠난 자리는 종종 폐허로 남기 마련이니까. 아물지 않는 상처처럼 언제라도 다시 진물이 배어 나온다. 그렇기 때문에 상처받기 전 미리 앞서 행동하는 것이다. 순수를 부정하고, 의심하며, 오해의 소지를 스스로 만들어낸다.

생존게임처럼 절대로 마음을 온전히 드러내지 않고, 뒤에 숨은 채 항상 뒤통수를 조심하며 관계를 위태롭게 유지한다.

어쩌면 낭만적 사랑은 감당할 수 없는 고통의 크기를 알기 때문에 지레 겁먹고, 혹은 다시 상처받지 않기 위해 우리의 마음속으로 숨어버렸는지도 모른다. 좀처럼 다시 문을 열고 나갈 용기가 나질 않아 그 좁은 곳에 웅크린 채 눈치만 보고 있는 걸까. 모두에게 유년시절이 있었던 것처럼 모두에게(혹은 대부분에게) 낭만적 사랑의 흔적과 여지가 남아있다. 다만 우리 스스로 그것을 어떤 이유로든 감추고, 부끄러워하며, 두려워할 뿐이다.

평소 열렬하게 좋아하는 문학평론가가 쓴 문장을 인용한다. 어쩌면 우리 모두는 이 문장이 절실한 상황에 놓여 있을지도 모르겠다.

'사랑으로 일어나는 싸움에서 늘 먼저 미안하다고 말하는 이는 잘못을 저지른 쪽이 아니라 더 많이 그리워한 쪽이다. 견디지 못하고 먼저 말하고 마는 것이다. 그래야 또다시 사랑한다고 말할 수 있으니까. 더 많이 사랑하는 사람은 상대방에게 지는 것이 아니라 자기 자신에게 진다. 나는 계속 질 것이다.'

그의 먹먹한 다짐처럼 우리는 다시 낭만으로 돌아가는 방법을 정확하게 알고 있다. 그럼에도 우리가 자꾸만 망설여지는 건 그것으로 인해 잃을 것이 많다고 생각하기 때문이다. 사랑을 이기고 지는 승부라고 생각하고 있다면, 그렇다면 애초부터 위 문장의 말마따나 차라리 지는 게임을 시작한다고 생각하는 편이 낫지 않을까. 어차피 지는 게임에서는 우리가 더는 자존심을 내세울 필요도 없을 테니까. 망설이는 동안 우리에게 허락된 시간이 천천히 사라지고 있다. (2015)

---

* 신형철 『느낌의 공동체』 문학동네

당신과 나의 결핍

영화 〈내사랑〉

누구나 각자의 결핍을 끌어안고 살아간다. 고아로 외롭게 자라난 남자(에버렛)는 생전 처음 맞닥뜨린 끌림이라는 감정의 정체를 모른다. 게다가 자신이 그런 낯선 감정을 느끼는 대상이 자신에게조차 터무니없이 부족해 보이는 절름발이 여자라니. 남자는 자신이 아무리 가진 것 없이 내일을 기약할 수 없는 삶을 살지라도 몸이 불편한 여자를 만나는 건 용납할 수 없다. 이것은 사랑의 감정이 아니고 단지 외로움이 만들어낸 불편하고 거추장스러운 감정에 불과하다고 믿는다.

무릎 관절염을 앓는 여자(모디)는 가족에게조차 버림받은 처지이다. 여자가 유일하게 삶의 의미를 느끼는 때는 바로 그림을 그리는 시간. 자신을 무시하는 가족들로부터 홧김에 가출한 여자는 남자(에버렛)의 집에서 가정부로 일하게 된다. 다리도 불편한데 남자는 자꾸만 여자에게 윽박지르며 손찌검을 하고 심지어 내쫓기도 한다. 하지만 여자는 물러서지 않는다. 자신도 한 사람의 몫을 한다는 걸 가족들과 남자에게 증명하려 한다.

두 사람의 각기 다른 결핍들이 한데 만나 어지럽게 뒤섞인다. 그들의 만남은 사랑보다는 오직 절실한 필요에 의해서 지속된다. 남자는 살림꾼이 필요해서, 여자는 도피처가 필요해서, 그리고 각자 자신의 마음을 확인하기 위해서. 그렇게 두 사람은 한 공간에서 위태롭지만 함께 살아간다. 상황은 극단으로 치닫다가도 두 사람이 조금씩 마음을 열고 서로를 인정하기도 한다. 하지만 여전히 불안한 감정은 남아 있다.

그러다 시간이 흐르고 마침내 두 사람은 점점 서로의 결핍을 채워주기 시작한다. 남자는 다리가 불편한 여자의 버팀목이 되어주고, 여자는 사랑과 표현에 서툰 남자의 안식처가 되어준다. 뜻밖의 선물처럼 여자의 그림 실력이 빛을 발휘하며 그들에게 큰 변화를 가져오지만, 이제는 무엇도 그들을 갈라놓을 수는 없다. 서로의 결핍은 더는 두 사람을 가로막는 장애물이 아닌 단단한 동질감이기 때문이다. 그렇게 두 사람의 사랑은 쉽게 흔들리지 않는 견고한 마음이 된다.

사람들은 서로에게 결핍이 없어 보일 때 쉽게 사랑을 시작하고, 서로의 결핍이 보일 때 쉽게 사랑을 정리한다. 물론 모두가 결핍을 안고 사랑을 시작하지만, 그 결핍이 처음에는 눈에 띄지 않아 서로가 완벽해 보일 뿐이다. 만약 결핍이 이별의 중요한 이유가 된다면, 그렇다면 애초부터 결핍을 끌어안고 시작한 사랑은 이별의 가능성이 없는 걸까. 물론 결핍만이 이별의 까닭이 될 수는 없겠지만, 서로의 모자람이 오히려 서로를 보듬는 사랑이라면 좀처럼 흔들리지 않을 것이라 믿는다.

당신과 나의 결핍이 만나 우리는 인연이 되고, 때로는 수없이 부딪치며 새로운 중심을 다잡으며 살아간다. 서로의 결핍마저 사랑하게 된다면 어쩌면 우리는 영원에 조금 더 가까워질까. 당신이 이렇게 완벽한 사람이기 때문이 아니라, 당신이 이렇게나 부족하기 때문에 나는 당신을 사랑할 수밖에 없다. 영화 속 두 사람은 이 문장을 실현하며 사랑을 증명한다. 두 사람의 실화가 영화로 만들어진 건 어쩌면 그런 이유 때문일 것이다. (2017)

---

* 영화 『내사랑』 감독 에이슬링 월쉬(Aisling Walsh) 2017

시력에 대해서

　일터에서 눈이 불편한 분을 도울 일이 있었다. 이런 경험이 많지 않은 나로서는 잔뜩 긴장한 상태였고, 혹시나 눈이 불편하다는 이유로 그분을 지나치게 배려하는 바람에 오히려 상처가 되진 않을지 걱정이 이만저만이 아니었다. 좌석까지 안내하는 일도, 식사를 돕는 일도, 그분을 안내하며 화장실까지 함께 가는 일도 서툴고, 조심스러울 수밖에 없었다.

　그런데 문득 그분은 이미 시력이 없이도 살아가는 방법을 제대로 익히고 있다는 생각이 들었다. 낯선 공간에서도 손과 귀, 그리고 피부로 주변을 정확하게 파악한 채 사물을 다루며 원하는 장소로 나아갔다. 오히려 도움을 드리려 하는 내가 짐이 되는 듯해서 민망함을 감출 수 없었다.

　그런데 문제는 다른 사람들로부터 시작됐다. 눈이 불편해서 걸음이 느리다는 이유로, 자신의 앞길을 가로막고 있다는 이유로 인상을 찌푸리며 불만을 제기했고,

내가 그분의 상황을 설명했음에도 불구하고, 언성은 높아지고야 말았다. 그분은 연신 미안하다는 말을 하며 발걸음을 재촉했고, 나 또한 다른 사람들에게 조금 더 기다려 달라는 양해의 말을 건넬 수밖에 없었다. 상황이 더 심각해지진 않았지만 나는 소란한 감정에 뒤섞여 지칠 대로 지치고야 말았다.

눈이 있어도 상대방을 보려 하지 않는 사람들과 시력을 잃었어도 모든 감각을 동원해 필사적으로 상대방을 보려 하는, 아니 느끼려 하는 사람들 사이에서 나는 현기증이 났다. 볼 줄 안다고 믿는 사람들은 무례했고, 볼 수 없다고 믿는 사람들은 세심했다. 하지만 그들의 믿음은 완벽하게 반대일지도 모른다.

전 세계의 다양한 사람들을 상대해야만 하는 나의 직업은 어쩌면 강인한 체력이나 친절한 서비스 정신보다는 쉽게 동요되지 않는 무뎌진 마음을 더 필요로 하는 것 같다.

오늘도 어지러운 하루가 느릿느릿 저물어간다.
(2016)

깡통에 갇히다

*

점점 깡통 속에 갇혀 가는 느낌이다. 깡통은 우리가 일하는 회사 건물, 비행기, 그리고 스스로 만들어낸 편견이나 아집 같은 것일 수도 있겠다. 깡통 안의 고요에만 평온함을 느끼고, 깡통 속 미미한 일렁임에만 분개한다. 바깥의 태풍과 그 태풍에 묻히는 것들은 철저하게 외면한 채 당장의 하루, 당장의 근무시간, 그리고 당장의 스트레스에만 매달리는 하루살이가 되어가는 과정 같다. 깡통 밖으로 나가는 일, 혹은 그 안에 갇혀 있더라도 바깥의 세상을 잊지 않는 일. 그것이 우리가 당면한 과제이다.

**

이미지에 현혹되기란 얼마나 쉬운가. 그런데 요즘은 모두 자극적이고 휘발성 강한 이미지에만 관심을 두는 듯하다. 노출에 중독된 사람들, 그리고 그것을 향해 순식간에 달려드는 무수한 손가락들. 일분도 채 걸리지 않고 사람의 관심을 끄는 가장 쉽고도 편리한 방법. 왜곡된 욕망과, 미숙한 질투와, 어긋난 열등감이 한데 엉켜 인터넷 세상을 점령한다. 시간을 두고 누군가를 깊게 알아가는 일에 점점 서툴러진 사람들. 모든 게 초고속이지만 사람의 마음과 관계는 그것의 속도를 따라가지 못한다. 당장의 반응이 없으면 관심이 아니고, 사랑도 아니라고 단정 짓는다. 마음이 비좁아지고, 정신이 가난해진다.

***

꿈에 대해 다시 생각한다. 일상을 버리지 못해 꿈을 버린 사람, 꿈을 버리지 못해 일상을 버린 사람, 그리고 일상 속에서도 꿈을 놓지 않는 사람, 그들 세 부류 모두 충분히 그럴 만한 이유가 있었을 것이고, 그들의 결정은 존중받아야 마땅하다. 한때는 꿈 열풍이었다. 꿈이 없으면 이미 실패자가 된 것처럼 꿈을 강요하는 분위기였다. 서점도 온통 꿈 일색이라서 꿈 노이로제에 걸리지 않은 게 다행일 정도였다. 그런데 사실 요즘은 꿈이 없을수록 복잡하지 않고, 단순하고 행복하게 살아가는 것 같다. (2015)

사진의 아이러니

사람과의 만남이 사진으로 시작해서 사진으로 끝난다. 사진이라도 건져야 오늘을 공들인 보람이 있다는 듯 사람들은 만남부터 이별까지의 모든 순간을 잡아두려 애쓰고 그것들을 마침내 소셜미디어에 전시한다.

어쩌면 이제 지극히 평범한 일상이 된 모습이지만, 이따금 지나치게 관심받고 싶은 욕망이 다른 가치들을 뛰어넘을 때 우리의 삶은 기형적으로 변하기 시작한다.

우리는 이미 관심에 대한 욕망이 저지른 사건들이나 그것으로 몰락한 사람들을 너무도 많이 알고 있다. 평소에는 관심에 대한 욕망이 잠들어있지만 어떤 사건으로 자극을 받으면 순간적으로 그 욕망이 모든 가치를 잠식하고야 만다. 그렇게 모두의 비난을 받는 일들이 발생해도 욕망에 중독된 사람들은 쉽사리 자신을 갉아먹는 그 괴물을 떨쳐내지 못한다. 사진은 관심을 불러일으키고, 이끌려간 관심은 너무도 쉽게 이용된다.

남는 건 사진뿐이라는 말이 무척 낭만적으로 들리던 시절이 있었다. 그런데 요즘은 그 말이 어쩐지 핑계처럼 들린다. 분명 관심에 대한 욕망은 아주 강력한 동기부여이다.

무리해서 해외여행을 다니고, 고급 장비를 갖춘 후 운동을 하고, 매번 근사한 장소에서 끝내주는 음식을 먹고. 그런데 만약 사람들의 손에서 카메라는 뺏는다면 어떻게 될까. 아마 생각보다 많은 숫자의 사람들이 의욕을 잃지 않을까.

인증할 수 없음에도 불구하고 행동하는 사람들만이 온전한 진심으로 남는 것 같다. 사진을 찍어 올릴 수 없는 사건에 대한 의미는 무엇이고, 그것의 유효기간은 얼마나 될 것인가. 사람들은 더는 사진으로 남지 않은 기억에 대해서는 추억으로 여기지 않는 걸까. 과연 사진 없이도 풍경을 온전히 눈과 가슴에만 담을 수 있는 사람들은 얼마나 남았을까. 그리고 그것으로도 충분히 괜찮다며 만족하는 사람들은 또 얼마나 남았을까.

직장생활을 시작한 뒤 사람들과의 잦은 만남과 조직문화에 적응하려 무던히도 애쓰고 있지만, 나는 여전히 가식과 허세에 치를 떠는 사람이다. (2015)

사랑을 멈출 수 없는 병

　세월은 흘러도 사람은 좀처럼 변하지 않는다. 과거에 갇혀 현재를 살아갈 수 없고, 미래가 두려워 자꾸만 과거로 뒷걸음질친다. 똑같은 실수는 언제나 반복되고, 깨달음은 늘 몇 걸음씩 늦게 찾아온다. 우리는 똑같은 반복에 지쳐가도 사랑을 멈출 수 없는 병에 걸렸다. 미궁 속을 헤매다 길을 잃어도 이번에는 다를 것이라 믿으며 다시 미궁 속으로 스스로 몸을 던진다.

　누군가는 영원히 미궁 속에서 살아가고, 누군가는 간신히 그곳에서 빠져나온다. 우리는 한 치 앞을 볼 수도 없는 미약한 존재이지만, 때로는 계산된 두려움 대신 막연한 미련함이 필요하다. 무엇이든 이미 많이 안다고 생각할 때 용기를 잃은 겁쟁이가 되어버리니까. 언제나 우리가 무너지던 그곳, 그 경계의 끝은 절망과 희망의 출구를 향해 똑같이 열려있다. (2014)

관계의 굴레

초등학교 시절. 새 학기와 동시에 반이 바뀌었지. 우리는 눈물의 작별 인사를 나누며 각자 새로운 반에서 낯선 아이와 짝이 되었어. 쉬는 시간 종이 울릴 때마다 우리는 복도에서 만나 서로를 그리워했잖아. 새로운 반 애들은 조금 이상해. 그냥 너랑 계속 같은 반이 됐으면 좋았을 텐데. 그동안은 잡지도 않던 손까지 잡으며 우리는 쉬는 시간마다 만남과 작별을 반복했어.

각자의 수업이 일찍 끝나면 복도에서 서로를 기다리는 날들의 연속이었어. 어쩌다 시간이 엇갈려 너를 잠시나마 볼 수 없던 날에는 다음 수업을 알리는 종소리가 어찌나 원망스럽던지. 다시 작년으로 돌아가 그때처럼 우리가 짝꿍이 된다면 얼마나 좋을까. 그럼 다시는 선생님이 우리를 갈라놓지 못하도록 너랑 책상에 나란히 앉아서 얌전히 수업만 들을 자신도 있는데.

그런데 각자의 쉬는 시간이 엇갈리기 시작하면서 온종일 서로를 볼 수 없는 날들이 많아졌지. 처음에는 네가 보고 싶어 죽을 것만 같았는데 어느 순간부터는 이상하기만 했던 새로운 반 애들도 그럭저럭 어울리기에 괜찮은 거야. 하루는 네가 복도에서 우리 반 창문으로 나를 바라보고 있는 줄 알면서도 나는 결국 복도로 나가지 않았어. 어쩌면 네가 기다리고 있다는 걸 외면할 만큼 새로운 친구들과의 시간이 즐거웠던 걸까.

 그렇게 우리는 계속 엇갈리며 서로의 빈자리를 다른 친구들로 채워나갔어. 그러다 언젠가부터 우리는 서로를 더는 기다리지 않게 되었지. 서로의 쉬는 시간이 다시는 궁금하지 않았고, 방과 후에도 다른 친구들과 시간을 보내느라 우리는 서로 서먹해질 만큼 멀어지고 말았어.
 그리고 그때의 우리는 이것이 평생 반복될 관계의 굴레라고는 생각지도 못했어. 어쩌면 그때부터 이미 세상은 우리에게 어른이 될 준비를 시켰던 걸까. (2016)

인증의 시대

사람들은 모든 것을 인증하기 시작했다. 남들에게 증명할 수 없는 행위는 마치 그것이 존재하지 않음과 다름없다는 듯이. 남들 몰래 이뤄내는 자신만의 뿌듯함보다는 남들이 인정하는 작은 칭찬을 갈망하고, 그것을 위해서라면 수단과 방법을 가리지 않는다. 그리하여 나는 알지도 못하는 당신의 오늘을 가만히 누워서 지켜보며, 당신의 몸매 변화와, 당신의 친구들과, 당신이 먹은 음식들을 감상한다. 그렇게 당신의 발자국을 늦지 않게 따라간다.

하지만 절대로 당신에게 나의 존재를 알리진 않을 것이다. 당신이 바라는 건 불특정 다수의 가볍고 달콤한 칭찬이지 특정한 한 사람의 선을 넘는 관심은 아니기 때문이다. 꾸준히 지켜보고 칭찬하되 가까이 다가오진 말라. 나는 너희를 유혹한 것이 아니라 단지 내 일상을 전시했을 뿐이니라. 이것은 인증의 시대에 암묵적으로 꼭 지켜야 할 적당선 같은 것인지도 모르겠다.

자신을 내보일 수 있는 공간이 있다는 건 무척 매력적인 일이다. 사람들은 누구든 될 수 있고, 자신을 눈여겨봐 준다면 다가오는 사람이 누구든 일단은 상관없다. 어차피 우리는 결국 서로를 모르니까 말이다. (2015)

당신과 나의 인연

　　인연은 정해진 수만큼만 찾아온다고 한다. 누군가는 얕은 인연으로, 누군가는 깊은 인연으로 이미 정해져 딱 그만큼만 우리에게 찾아온다고 한다. 그들은 예정대로 곁에 오래도록 머물기도 하고, 역시나 또 예정대로 금방 스쳐 가기도 한다. 누군가는 자신의 진실된 인연을 현명하게 알아보고 오래도록 함께 하지만, 또 누군가는 어리석게도 몇 번의 인연이 찾아와도 자신의 짝인 줄도 모르고, 그저 때마다 스쳐 보낼 뿐이다.

　　자신에게 주어진 모든 인연을 다 보내고 나면 이제 계산을 시작한다. 비교와 분석의 결과로 만난 사람과 마치 인연인 듯 그렇게 남들처럼 훗날을 약속하고, 남들 보기에 부끄럽지 않을 행색을 갖추려 애쓰며 관계를 유지한다. 뒤늦게 인연을 의심하면서도 앞으로 남은 인연의 숫자를 알지 못해 때늦은 후회로 고통받는다. 더 늦기 전에 새로운 인연을 찾아 떠날지 혹은 지금의 인연을 지켜낼지 막연한 도전만이 남았다.

소수의 사람들만 진실된 인연을 제때 알아본다고 한다. 하지만 그런 축복은 누구에게나 흔하게 주어지지 않는 것이다. (2014)

엄마의 흔적

　엄마와 부딪칠 때는 서로 조심했다. 살면서 서로에게 얼마나 쉽게 베일 수 있는 사람들인지 여실히 깨달았기 때문이다. 서로가 조심했던 만큼 어릴 적부터 나는 엄마와 그리 친하지 않았다. 이따금 서로가 부딪치면 온 집안에 냉기가 흘렀다. 아빠는 그 모습을 바라보며 엄마와 아들이 똑 닮았다며 한 발짝 물러나서 우리의 첨예한 대립을 지켜봤다. 서로가 한껏 날이 서 있었지만 그럼에도 엄마와 아들 사이라서 그 날에 서로가 베일까 싶어 조심하는 모습이 영락없는 사랑싸움 같아 보였을 것이다.

　나는 많은 것을 엄마에게 물려받았다. 사람들과의 관계를 더욱 힘겹게 하는 과민함과 유약함, 그리고 자신을 스스로 못살게 구는 불안과 걱정까지 모든 게 엄마와 닮아있었다. 예전에는 엄마와 닮았다는 사실이 정말이지 마음에 들지 않았다. 더군다나 다른 사람에게 엄마가 내게 했던 것처럼 까다로운 기준을 요구하는 내 모습을 발견할 때면 정신이 아득해 지곤 했다. 그럼에도 우리가 지금까지 끈끈한 관계를 유지해온 건 그만큼 서로가 서로에 대해 너무나도 잘 알기 때문인 것 같다. 서로를 할퀴더라도 적당히만 할퀴고, 대립이 끝나면 서로 마음이 불편해 먼저 사과의 메시지를 건네곤 했다. 그러고 나면 누가 먼저랄 것도 없이 자기가 더 미안하다며 서로를 다독여줬다.

하지만 그럼에도 나는 엄마가 물려준 것들을 극복하고 싶었다. 사람들과 어울려 원만한 관계를 유지하고 싶었고, 웬만한 일에 대해서는 대수롭지 않게 넘어갈 수 있는 마음의 여유를 갖고 싶었다.

그렇게 시간이 흘러서 지금을 살아가고 있다. 나는 엄마가 물려준 것들을 내가 살아가기 편리한 만큼만 극복했다고 믿는다. 엄마는 내게 자신을 극복해준 아들이 정말로 고맙다고 말했다.

하지만 내 삶을 조금만 깊숙이 들어가 보면 결국 그곳에는 여전히 엄마가 있었다. 어쩌면 나는 엄마가 물려준 것들을 극복한 것이 아니라 그 부분에 나를 맞춘 것인지도 모르겠다.

그것도 아니면 괜히 내가 가진 성격과 성향이 마음에 들지 않아서 나도 모르게 엄마 탓을 하며 스스로 위안을 삼았던 것일지도.

내가 어른이 되고 독립을 한 후 우리는 예전처럼 부딪치지 않는다. 서로를 이해해줄 사람은 결국 서로밖에 없다는 것을 너무 잘 알기 때문인지 혹은 마주할 날이 많지 않아서인지 이제는 죽이 너무 잘 맞아서 시간 가는 줄도 모른 채 수다를 떨기도 한다.

자식은 부모를 닮기 마련이지만 그렇게 믿기 때문에 부모는 가장 쉽게 원망의 대상이 되는 듯하다. 인생의 성공과 실패를 떠나서 왜 내가 이렇게 되도록 방치했느냐며 부모를 원망하는 것이 가장 쉬운 생각이다. 우리는 힘들 때마다 우리 곁의 소중한 사람들 중 화풀이하기 가장 쉬운 대상을 찾아서 괴롭히기 시작하니까. 그렇게 부모는 너무도 쉽게 누명을 쓰고 상처받은 죄인이 된다.

이제와 생각해 보면 내가 극복해야 했던 건 엄마의 흔적들이 아니라 단지 살면서 스스로 구축해온 나 자신의 비좁은 삶의 가능성이었다. 엄마가 내게 물려준 건 한계와 제한이 아니라 너는 나와 다른 삶을 살 것이라는 극복의 의지였는지도 모른다. 지금은 오히려 내가 엄마를 닮은 사람이라 다행이라고, 그래서 나 또한 스스로를 받아들일 수 있게 되었다고 생각한다. (2015)

꽃이 피길 기다리는 마음

　엄마는 늘 꽃집에서 만개한 꽃보다는 봉오리 상태의 꽃을 산다. 그리고는 그 꽃이 마침내 활짝 만개하는 순간을 날마다 기다리며 꽃보다 더 아름답고 행복한 미소를 짓는다. 그런 마음을 간직한 소녀 같은 사람이 엄마라서 얼마나 감사한지 모른다. 다음에 엄마를 만날 때는 평범한 날에도 꽃다발을 선물해야지. 엄마가 꽃다발을 받아든 모습을 상상하면 나도 벌써부터 행복하다.
(2015)

안부를 물을 수 없는 이유

이십 대 시절 같은 꿈을 꾸던 그들이 지금 어떻게 살고 있는지 나는 모른다. 내 기억 속 그들은 나이는 각기 다르지만 그때의 앳된 모습 그대로 웃고 있을 뿐이다. 몇 번의 실패 같은 건 전혀 걸림돌이 되지 않았고, 간혹 누군가가 좌절해도 일으켜줄 사람들이 곁에 있었다. 말 그대로 꿈을 먹고사는 사람들이라 현실 같은 건 애써 외면할 수 있었다.

그러다 하나둘 꿈에 지쳐서 현실로 돌아가기 시작했다. 꿈에 닿을듯한 사람도 있었고, 꿈에 닿았지만 미끄러진 사람도 있었고, 그 꿈에 기생하며 장사를 하려는 사람도 있었다. 하지만 무엇보다 꿈을 이룬 사람의 모습이 우리의 예상과는 달리 너무도 고통스러워 보였기 때문에 우리는 대부분 꿈을 중단했다.

그 사이 시간이 많이도 흘렀다. 언뜻 듣기로 누군가는 선생님이 되었고, 누군가는 결혼을 했으며, 또 누군가는 여전히 새로운 사람들과 함께 그곳에서 못다 이룬 꿈을 꾸는 중이라고 했다. 우리는 서로 안부를 물을 용기가 없다. 나는 요즘 이렇게 산다고 말해봐야 같은 꿈을 꾸던 우리들은 괜히 서로 쓸쓸할 뿐일 테니까.
(2015)

성장통

고등학생 때였다. 내가 한창 성장통을 겪고 있을 무렵 선생님이 그랬다. 나이를 먹으면 네가 지금 혼란에 빠진 많은 것들, 그러니까 성장통은 마침표를 찍게 될 것이라고. 그 말이 거짓말이라는 걸 실감하는 데에는 그리 오랜 시간이 걸리지 않았다. 마침표는커녕 쉼표조차 찍히지 않은 채 나는 여전히 쉴 새 없이 성장통에 휩쓸리는 늙은 소년이다.

남들보다 유약한 마음 탓인지 나는 유독 모든 변해가는 것들에 현기증을 앓는다. 그렇다고 내가 되돌릴 수 있는 것들은 결코 아니기 때문에 변해가는 것들과 사라져가는 것들을 그저 묵묵히 바라볼 수밖에 없다는 현실이 나를 더욱 움츠러들게 한다.

아직 너무 어리구나.
조금만 더 커보면 모두 다 알게 될 거야.

이런 말을 듣기 시작한 이후 십 년이 넘는 세월이 흘렀다. 그동안 나는 조금 덜 어리게 되었고, 조금 더 커버렸지만 그들의 말을 도무지 받아들일 수가 없다. 도대체 무엇을 알게 된다는 건가. 난 오히려 알고 싶은 것보다 모르고 싶은 것들이 더 많은데.

너무 많이 알아봤자 겁만 많아져서 무턱대고 내지를 힘만 떨어지는 것 같다. 진실을 알았을 때 추악하지 않았던 적은(적어도 내 삶에서) 그리 많지 않았다. 삶과 그리고 인간관계에 대해 적당히만 알고 싶다. 그래서 미래의 내가 조금 덜 변하거나 더디게 변해줬으면 하는 바람이다. 딱 내가 감당할 수 있을 만큼만 말이다. 자신이 원하지 않았던 모습으로 변해가는 모습을 지켜보는 기분이란 느리지만 분명하게 낡아가는 느낌과도 같다.

어쩌면 그 시절 선생님의 성장통도 여전히 쉼표 없이 어딘가 있을지 모를 마침표를 향해 달려가고 있던 건 아닐까. 심지어 누구보다 간절히 그 고질병을 끝내고 싶어했을지도. 입맛대로 살던 시절이 내 뒤에 소파처럼 머물고 있어서 언제든 걸핏하면 주저앉을 것 같다. 이제는 내게 맞지 않은 가면도 당분간은 억지로라도 써봐야 하는 시기이다. 나는 조금 더 영악한 어른이 되고 싶다.
(2014)

나를 위한 변명

    조용하고 차분한 삶을 살았습니다. 사람들은 늘 저를 바라보며 삶을 즐기지 못하고 지루하게 산다고 말합니다만, 어찌 됐든 저는 사람들을 만나는 것보다 혼자만의 시간을 좋아했으니까요. 그다지 친하지 않은 사람들과 만나서 술을 진탕 마시고, 시시껄렁한 이야기들을 나누며 시간을 보내는 걸 싫어했어요. 그보다 책을 읽고, 영화를 보고, 가끔은 글을 쓰며 시간을 보내는 게 훨씬 더 생산적이라고 믿었습니다. 어쩌면 그렇게 혼자만의 낭만과 착각에 젖어 이십 대의 대부분을 보낸 것입니다.

    저는 자기만의 기준이 지나치게 뚜렷한 사람이고, 관계의 선 또한 명확해서 마음이 통하지 않는 사람과는 사적인 만남을 원하지 않았습니다. 혹시라도 그런 자리가 생긴다면 당장에라도 뛰쳐나가고 싶은 기색을 감추지 못했지요. 이건 제가 까다로운 사람인 탓이지 다른 사람들이 이상하다는 뜻은 아니니 부디 오해는 말아주

---
* 다자이 오사무 『인간 실격』 도입부 인용

세요. 대신 저는 소수의 사람들에게 모든 걸 쏟고 싶습니다. 그 사람들은 한마디로 남녀노소를 불문하고 제가 반해버린 사람들이라는 뜻이에요. 그것이 단순히 외모일 수도 있고, 삶에 대한 철학이나, 취미활동, 그리고 특정 예술가에 대한 애정 같은 것들일 수도 있고, 따뜻한 마음씨나 감성일 수도 있겠습니다.

관계가 넓지 않아서 좋은 점은 제가 반해버린 그 소수의 사람들에게 더욱 깊숙이 집중할 수 있다는 점입니다. 마음을 쉽게 건네진 않아도 한번 경계를 풀면 모두 내어주는 성격 탓에 가끔 상처를 받기도 하지만, 그 또한 관계의 테두리 안에 속해 있다는 의미일 테니 고마울 따름이죠. 좀처럼 먼저 연락하는 일도 없지만 그런 것쯤 대수롭지 않게 여기는 사람들과 가까스로 관계를 이어가고 있습니다. 나이가 들수록 예전보다는 조금 더 자주 만나서 이야기를 나누려는 노력도 하고 있고요. 그렇지 않으면 서로 직업도 다르고 삶의 방식도 달라서 서서히 멀어지는 경우가 많은 듯합니다.

지금도 저는 비록 아주 좁지만 깊은 관계를 유지하고 있습니다. 가끔은 뜻밖의 선물처럼 새로운 관계가 제게 찾아와 그 좁은 인맥에 보탬을 주기도 하지만요. 이렇게 살다가는 참 쓸쓸하게 노후를 보낼지도 모른다는 걱정을 해주시는 분들도 많은데 어쩌면 그것이 바로 제가 추구하는 삶인지도 모릅니다. 아주 소수의 사람들과 서로가 닿을 수 있는 관계의 극한까지 닿아보는 것. 그래서 그들과 함께 쓸쓸하고 적적해 보이지만 행복하게 살다가 생을 마감하는 것. 군더더기 없이 깔끔하게. 하지만 마음과 감성만은 고양된 채로 삶을 살아가고 싶습니다.

연락도 없고 만남도 없어서 많이 서운하다고, 다가오다가 그렇게 떠나간 사람들에게 정말 미안하게 생각해요. 부디 다양한 사람과 관계에 서툰 저를 미련 없이 스쳐 지나가시길 바랍니다. 언제나 선뜻 먼저 다가가고 싶었는데 제 오랜 삶의 관성이 그 마음을 가로막았던 것 같아요.

이런 말이 우습게 들릴 수도 있겠지만 저는 만남과는 상관없이 늘 관계를 간직한 채 살아갑니다. 잊어야 할 관계는 잊을 수 있지만, 그렇지 않은 관계는 영영 마음에 품고 살아갈 수 있다고 믿어요. 꼭 특별한 관계였던 사람만 기억에 남는 건 아니니까요. 인연의 기한이 남아있다면 언젠가 분명 다시 만나게 될 사람들이 있겠지요. 그때까지 잘 지내시길 바랍니다. (2014)

멈춰진 관계

 관계가 더는 늘지 않는다. 연락처는 많아지는데 속 깊은 관계는 멈춘 지 오래다. 새로운 사람들 앞에서 속마음을 드러낸 채 관계를 맺는 게 갈수록 어렵다. 특히나 이미 어른이 된 동성 간의 만남에서 친구가 되는 일은 행운처럼 느껴진다. 어릴 적 추억을 공유하는 기존의 관계들 속으로 낯선 사람이 불쑥 틈입하고 일원이 되는 일은 좀처럼 발생하지 않는다.

 그럼에도 나는 구태여 무리하지 않기로 했다. 관계에 불만을 토로하면서도 새로운 관계는 늘리지 않기로 했다. 숱한 시도와 실패 끝에 지금의 관계면 충분하고 덕분에 마음이 위태롭진 않다고 믿는다. 다만 가끔 인생을 뒤돌아보는 일도 앞으로 나아가는 것만큼 중요하고, 모처럼 뒤돌아본 관계의 풍경은 어느새 이렇게 변했다는 것.
 내일의 변화를 알 수 없는 지금 내 마음은 체념과 만족 사이를 어설프게 맴돌고 있다. (2016)

잔해들

나이가 조금 더 많아졌고, 그만큼 조금 더 공허해졌다. 빠르고 거세게 흐르는 시간 앞에서 대수로운 감정은 많지 않았다. 시간은 용광로와 같아서 대부분의 기억과 감정은 그 속에서 녹아버렸다. 하지만 이따금 용광로에 녹지 않고 살아남은 잔해들이 존재하기도 하는데, 사람들은 그것을 추억이나 상처라고 부른다.

불현듯 내게 남겨진 추억과 상처들을 떠올린다. 이제 와서 무슨 말을 보탤 수 있을까. 모두 지나간 일에 불과한데. 다만 지금의 나는 그 시절에 빚진 삶이고, 빚을 갚을 길은 현재를 충실히 살아내 과거를 퇴색시키지 않는 것이라 믿는 수밖에. (2015)

행복을 바라보는 일

시애틀 해변 마을의 사람들은 유독 평화로워 보인다. 그들은 우리와 같은 종류의 불안과 고민을 갖고 살더라도 어쩐지 우리와는 달리 여유와 만족이 깃든 일상을 보내는 듯하다.

그래서 단순한 부러움을 넘어서 이질감을 느낀다. 시장에서 수공예 작품에 전념하며 평생을 살아온 상인도, 꽃집을 하며 사람들에게 꽃을 안겨주며 활짝 웃는 상인도, 생선을 멋지게 다듬으며 사람들에게 박수갈채를 받는 상인도 모두 그들만의 장인정신이 있고 서로 격을 두지 않는다.

남들의 시선과는 상관없이 자신이 가장 좋아하는 일을 스스로 선택해 자부심을 품고 일상을 살아가는 사람들. 그래서 누구에게나 나는 무슨 일을 하고 있다며 아이처럼 웃으면서 이야기를 주고받는 사람들.

물론 내가 잠시 머물다 떠나갈 이방인의 입장이기 때문에 쉽게 생각하고 말했을 테지만, 그럼에도 잠시 바라봤던 그들 삶의 한 장면이 순전히 멋지고 부러웠다. 언젠가 내게도 단순히 생업을 넘어서 내가 사랑하는 일로 살아갈 날이 찾아올까. (2016)

당신의 텅 빈 지갑

어른이 된 지금 솔직히 말하자면 그때 우리의 자랑이었던 최신형 장난감 권총들은 사실 아빠들의 지갑에서 몰래 훔친 돈으로 산 거였잖아.

그런 위험한 모험을 감수했다는 자부심이 우리를 더 귀엽고 멋진 총잡이로 만들었지. 하루를 건너 깨지던 지하주차장의 조명을 관리하는 경비 아저씨나, 분위기 잡고 생애 처음으로 이성과 키스를 하려다 갑자기 총알에 맞고 달아난 중학생 커플에겐 우리는 단지 개자식에 불과했을 거야. 만약 쉽게 들켰다면 우리는 놀이터 구석에서 초주검이 되었겠지.

사람들은 우리를 무서워했어. 초등학생 악동들이 무서워 봐야 얼마나 무서울까 싶을 거야. 하지만 우리의 손에는 조명도 단 한발 만에 깨뜨릴 수 있는 장난감 총이 있었거든. 그 시절 아파트 단지에는 우리를 검거하기 위해 어른들이 붙인 전단지가 흩날리곤 했어. 그때 우리의 자신감이 얼마나 대단했냐면 다들 손에 총 한 자루씩

쥐고 무리지어 건너편 중학교 정문을 어슬렁거릴 정도였어. 우리를 우습게 보면 아무리 교복 입은 형들이라도 전부 쏴버리겠다고. 수업 중이라 아무도 없는 교문 앞에서 허세를 부렸지.

근데 이게 무슨 일이야. 아무리 최신형 장난감 총을 갖고 있어도, 하룻밤 자고 일어나면 문구점에 새로 나온 총이 들어오는 거야. 그렇게 우리의 총은 하루 만에 한낱 플라스틱 덩어리로 전락하고 말았지. 그치만 우리처럼 승부욕과 자존심이 전부인 애들은 그거에 열 받아서 바로 다음 날 새로 나온 총을 구해왔어. 모두가 부러운 눈빛으로 그 비싼 총을 어떻게 구했는지 물어보면 좀처럼 대답하지 못했어. 그저 얼버무리다가 아빠가 선물로 사줬다는 말만 했지.

그때는 우리가 덜 자라서 모두 그 말을 믿었겠지만, 지금 생각하면 과연 어떤 아빠가 자식한테 최신형 장난감 총을 밥 먹듯이 사주겠어. 대부분 애들은 최신형 총을 선물 받은 우리 무리를 부러워했지만, 알만한 애들은 다 눈치챘다는 듯 말없이 웃으며 고개만 끄덕였어. 암묵적 합의가 아니었을까. 최신형 총에 눈먼 애들한테 도덕 같은 게 무슨 걸림돌이 됐을까. 단지 그냥 축구공 차듯 저 멀리 차버리면 아무런 문제도 없는 거잖아.

우리 무리는 다섯 명이었던 걸로 기억해. 주차장 형광등을 사이 좋게 다섯 번 깨 먹고 결국 들켜서 다섯 번 끌려갔던 일은 절대로 잊지 못하니까. 근데 우리 중 딱 한 명만 최신형 총을 못 구해왔던 건 기억하려나. 우리가 구해온 멋들어진 총들을 보면서 그 아이는 얼마나 부럽고 속상했을까. 우리 총으로는 단 한발에 깨지는 형광등이 그 아이의 낡은 총으로는 열 번을 쏴도 깨지지 않았잖아. 그때 걔는 말도 없이 서럽게 울면서 집으로 가 버렸지.

그래서 결국 우리는 걔가 불쌍해서 우리만의 진실을 모두 털어놨지. 최신형 장난감 총이 우리 손에 들려있게 된 공공연한 비밀을 말이야.

모두가 잠든 새벽. 반드시 소변이 마려워야 해. 그래야 혼자 일어나서 화장실이 아닌 안방으로 향할 수 있거든. 그다음은 당연히 아빠 양복바지 뒷주머니에 있는 지갑에서 지폐를 꺼내는 거지. 불이 꺼진 상황에서도 감촉만으로 그게 만 원짜리라는 걸 알아챌 예민함은 필수였어.

우리가 털어놓은 비밀을 모조리 흡수한 그 아이는 생각보다 성격이 급했어. 그만큼 최신형 총이 간절했었나 봐. 그날 밤 그 아이는 유난히도 소변이 마려웠대. 우리가 알려준 대로 아빠의 바지 뒷주머니에서 몰래 지갑을 꺼내는 것까진 성공했고. 그런데 문제가 생긴 거야.

간신히 지갑을 열었는데 손에 잡히는 게 아무것도 없었대. 그걸 다음 날 우리한테 말해주는 데 어찌나 스릴 넘치고 안타깝던지.

그 아이는 운이 없었어. 다음 날도, 또 그 다음 날도 아빠 지갑에는 아무것도 없었대. 그러다 하루는 드디어 잡히는 게 있었나 봐. 잠도 설쳐가며 며칠간 밤마다 고생한 보람을 느꼈지. 손에 돈을 움켜쥐고 자기 방으로 건너와서 불을 켰는데 그 순간 갑자기 막 눈물이 쏟아지더래. 손에 쥔 돈을 확인해보니 고작 3천 원이 전부였던 거야. 분명 만 원짜리의 고급진 촉감인 줄 알았는데. 그래서 내일 당장 다른 애들 코를 납작하게 해줄 최신형 장난감 총을 살 줄 알았는데.

그 아이는 그날 밤을 홀딱 지새웠대. 그 이야기를 들은 우리는 교실이 떠나갈 듯 웃었어. 우리는 재밌고 고소해서 웃고, 그 아이는 억울하고 아쉬워서 웃고. 애들은 괜히 애들이 아니야. 드물게 애답지 않은 애들이 종종 나타나기도 하는데 내게 선택권이 있다면 나는 절대 애늙은이는 되지 않을 거야. 그때는 그렇게 웃기고 즐거웠던 일들이 지금 돌아보면 눈물부터 쏟아진다는 게 슬프긴 하지만, 한편으로는 나이가 들고 성숙해지는 것도 참 괜찮은 일이라고 생각해.

그토록 어리던 우리가 이토록 여린 우리가 되었어. 살아갈수록 단단해질 거라 믿었는데 어떻게 점점 더 여려지는지 알다가도 모를 일이야. 어쩌면 삭아서 뭉개지는 걸 여려진다고 착각하는 걸까. 가끔은 철없던 그 시절이 그리운데 너희도 그럴까. 그나저나 우리도 벌써 그 시절 아빠들의 나이가 되었구나. (2012)

우리 곁의 외로움

외로움은 사람을 통째로 삼킨다. 서서히 삼키기도 하고, 단번에 삼키기도 한다. 물론 다시 뱉어낼 때도 있지만 완전히 소화하기도 한다. 간혹 외로움 앞에서 끄떡없는 수도승 같은 사람들도 있지만, 그들은 우리와는 다른 세계에 속해 있기 때문에 비교 대상은 아니다.

사람마다 외로움을 대하는 방식은 천차만별이다. 외로움을 서둘러 치료해야 하는 몹쓸 질병으로 대하거나, 늦은 밤 뒤를 쫓는 발소리처럼 두려움으로 여기거나, 견뎌내면 열반에 도달하는 수행처럼 대하거나, 인간의 불가피한 숙명으로 묵묵히 받아들이기도 한다.

고독과 외로움의 차이는 선택과 의지에서 비롯될 것이다. 자발적 고립이 스스로 선택한 고독이라면, 비자발적 고립은 선택하지 않은 외로움에 가깝다. 물론 공통점도 있다. 고독과 외로움은 섣불리 벗어나려 함부로 대하면 역효과가 발생한다는 점이다. 벗어나려 할수록 사로잡히고 후회를 낳는다.

그런데 과연 고독과 외로움에서 완전히 벗어난 상태란 존재할까. 연애를 하면 외로움에서 벗어난다는 믿음은 가장 단순한 착각이고, 사람으로 외로움을 극복한다는 믿음은 종교에 가깝다.

관계에 대한 고민과 방황으로 소란했던 나의 이십 대가 남겨준 건 외로움을 외면하는 것 또한 극복의 방법이 된다는 점이다. 섣불리 말이나 사람에게 기대는 것보다 단지 일상에 충실한 채 우리 곁의 외로움이 저절로 지나가길 내버려두는 것. 어쩌면 그 적당히 무심한 태도가 외로움을 제대로 길들이는 시작점이 될지도 모른다.
(2015)

디지털 시대의 사랑에 대해서

 이별을 앞둔 순간이었다. 서로의 마음은 이미 관계의 마침표를 찍은 상태였고, 이제 남은 건 내일 그 사람을 만나 눈을 바라보며 이별을 말하는 것뿐이었다. 어차피 예정된 이별을 굳이 직접 만나서 재확인하려는 이유가 무엇이냐는 친구의 물음에 나는 아무런 대답도 할 수 없었다.

 간편한 문자메시지를 두고 그걸 직접 감당하려는 이유가 무엇이냐는 질문이었을 것이다. 요즘은 만남과 이별도 문자메시지로 편리하게 하는 시대라지만, 나는 그런 현상을 먼 나라에서 퍼지고 있는 유행 정도로만 여겼다. 그런데 어느새 그 현상은 기계가 대체해서는 안 되는 부분까지 침투해 기존 관계의 방식들을 교란시키고 있었다.

 물론 액정 터치 한 번으로 정신적 고통을 줄이며 이별할 수 있다는 점에서 상당히 유용해 보이지만, 그렇게 끝낼 수 있는 것이라면, 그것은 아마도 특별한 관계였다

기 보다는 지하철에서 시간 때우는 용도로 적합한 핸드폰 게임 같은 만남 정도가 아니었을까.

하지만 이것은 단지 스마트폰 이전 세대의 입장일 뿐일지도 모른다. 스마트폰 이후 세대에게 스마트폰이란 태어나서 처음 만나는 존재인 부모를 바짝 뒤쫓는 사물이기 때문에 모든 순간에 우선 스마트폰을 동반하는 건 지극히 자연스러운 일이다.

상대에게 다가가서 말을 건네는 일부터 시작해서 사랑을 고백하는 일, 그리고 더군다나 마주 보고 이별하는 일은 수많은 감정을 온몸으로 감당하는 것과 다름없다. 물론 그 방식만이 관계에 대한 최소한의 예의라고 볼 수도 있겠지만, 다르게 생각하면 스마트폰을 두고 굳이 시간과 감정을 소모하는 번거로운 방식일 수도 있겠다.

서로에 대한 아무런 정보도 없이 만나는 것보다 스마트폰으로 미리 서로를 탐색한 뒤 만나는 편이 훨씬 더 효율적이고 연인으로 발전될 가능성도 높을 것이다. 게다가 일부러 마주 보고 이별하며 눈물 흘리는 것보다 액정을 바라보며 이별을 통보하고, 액정을 손가락으로 밀어 넘기며 상대방의 존재를 지우는 편이 고통과 죄책감을 덜어낼 수 있는 최적의 방식일지도 모른다.

세대마다 공유하는 낭만의 방식이 존재하기 때문에 어떤 세대의 사랑과 관계의 형태를 더 낫다고 판단하긴 어렵다. 다만 세대를 떠나 우리가 편리한 기계에 너무 의존한 나머지 자신이 가진 감정을 스스로 감당할 수 없게 될 상황 또한 염려된다. 우리는 이미 마주 보고 말하기는 부담스럽다는 핑계로 스마트폰 뒤에 마음을 움츠리고 있으니까.

기계는 이미 인간의 감성을 갖춰나가는 반면에 인간은 점점 감성을 잃어가는 아이러니한 시대이다. 하지만 우리는 어느 한 쪽의 극단이 아닌 중도를 찾아야 한다. 현재 유행처럼 퍼지고 있는 많은 영상 광고의 주된 내용도 더는 편리함과 간편함만이 아닌 잠시 디지털 기계를 내려놓고 인간만의 영역을 되찾자는 노력의 일환이 아닐까.

그건 아마도 기술의 발전에 대체된 것들을 향한 뒤늦은 깨달음과 그리움일 것이다. 어쩌면 우리가 이렇게 일상의 소중한 부분들이 사라지려 할 때마다 면역반응을 유지한다면, 언제든 자신의 경로를 소신껏 수정하며 살아갈 수 있으리라 믿는다. (2014)

무관심

도시의 새벽은 다양한 모습을 품고 있다.

당첨되지 않은 로또처럼 길바닥에 아무렇게나 구겨져 있는 사람들. 그들 사이를 비집으며 눅눅한 폐지를 리어카에 주워담는 노인들. 인간의 본능적인 욕구를 사고파는 거리의 사람들. 우리는 서로를 응시할 뿐 서로를 의식하지 않는다.

타인의 고통은 각자 삶의 무게에 비하면 깃털처럼 가볍다. 우리의 고통은 서로에게 단지 곤란한 풍경이 될 뿐 넘어서지 못하는 장벽은 결코 아닐 텐데.

한국의 노인들은 왜 폐지를 주워야만 살아갈 수 있는가. 언젠가 막연한 슬픔이었던 이런 질문은 어느새 단순히 불편해졌고, 그 불편함보다는 자극적이고 재밌는 수많은 콘텐츠에 기대며 타인의 고통과 슬픔 같은 건 망각한 지 오래되었다.

당신의 고통은 무척이나 안타깝지만 인스타그램에는 눈길을 사로잡는 사진들이 가득하고, 영화관은 새로 개봉하는 영화들로 북적거린다. 웹툰은 요일마다 업로드 되고, 드라마는 우리의 일주일을 가뿐히 책임진다.

슬픔이었던 건 감정들은 이제 익숙함이 되었고, 익숙함은 다시 불편함과 신경증을 낳았다. 이를테면 타인의 고통은 우리의 마음에 이질감을 주는 신경질적인 풍경이 된 것처럼. 나는 그 풍경의 틈 사이를 산책하듯 거닐며 유유히 출근을 한다. 시간은 발걸음을 조금 더 재촉하고, 나는 연신 하품을 한다. 신경질을 넘어서 단지 잠이 너무 부족하다는 생각만 든다.

무관심이란 얼마나 편리한 질병인가. (2015)

말의 홍수

우리는 날마다 저마다의 말을 풀어낸다. 예전에는 대부분 일기장을 갖고 있었다. 그것보다 사적인 물건은 없었던 만큼 일기장은 자연스레 비밀을 품었다. 누구에게도 꺼내놓은 적 없던 내밀한 이야기, 당신에게 차마 하지 못했던 고백, 속으로 삼켜야만 했던 분노 등등. 숨겨둔 이야기들을 일기장에 풀어내며 마음을 달래곤 했다.

그런 의미로 일기장은 어쩌면 사람들의 친구와도 같은 존재였다. 아무도 모르는 곳에, 심지어는 자물쇠까지 채워서 보관할 만큼 일기장은 나만의 비밀 친구였다. 그렇게 우리는 일기장과 함께 수많은 밤을 지새우며 자신만의 비밀을 말 그대로 영영 간직한 채 살았다.

그런데 지금의 우리는 각자의 말을 소셜미디어에 풀어낸다. 소셜미디어는 비밀을 가장한 공개된 일기장이다. 누구나 펼쳐볼 수 있지만, 정말 아무나 펼쳐 보거나, 혹은 아무도 펼쳐봐 주지 않는다면 마음이 소란해진다.

모두의 일기가 실시간으로 인터넷 세상을 부유하고, 우리는 말의 홍수 속에서 정신없이 허우적댄다.

모두에게 펼쳐진 일기장에서 무수한 말들이 쏟아지면 정작 우리는 말을 잃는다. 말들이 너무 많아서 말을 잃는다니. 말장난 같지만 실제로 우리는 다른 듯 비슷한 말들 사이에서 길을 잃고 있으니까. 결국 같은 말을 조금 더 근사하게 구사하는 사람들만 살아남고, 그렇지 않은 사람들은 급류에 휩쓸려 떠내려간다.

말들이 뒤섞여 출처가 불분명하다. 그럴듯한 말들은 포화 상태인데 도대체 누가 먼저 그 말을 시작했는지는 알 방법이 없다. 말은 계속해서 또 다른 말을 낳고, 그럴수록 말은 무분별해진다. 홍수 속에서 내가 했던 말을 가려낼 수도 없고, 가려낸다 해도 이것이 온전히 내 것임을 증명할 수도 없다.

언제든 원할 때마다 불특정다수를 향해 자신의 목소리를 낸다는 건 축복이지만, 말의 홍수에 휩쓸려 자신의 목소리를 잃는다는 건 불행이다. 소셜미디어를 통한 발설도 침묵도 결국 개인의 자유겠지만, 그럴수록 자신의 말과 타인의 말 사이의 분명한 경계가 필요한 시기라고 믿는다. (2015)

사람이 변할 수 있을까

언제부턴가 사람의 일들이 한심하고 유치하게 느껴졌다. 아마도 대학에 갓 입학해서 모든 만남이 술자리로 끝나는 걸 지켜보며 환멸이 꽃 피기 시작했던 것 같다. 사람들은 우르르 몰려다니며 시간 때우는 걸 좋아했고, 그 와중에 복학생들은 군시절이 그리웠는지 교내에서도 병장놀이를 하며 소란을 피웠다.

그 속에서 내가 심취할 수 있는 것을 찾는 일이, 함께 어울리고 싶은 사람을 찾는 일이 지독히도 어려웠다. 그렇게 사람보다 책을, 사람보다 영화를, 사람보다 생각을, 그리고 사람보다 고독이 더욱 흥미롭게 다가왔다.

나는 그때의 소란이 사람에 대한 환멸이었는지 혹은 그들과 어울리지 못한 미련이었는지 알 수 없었지만, 분명 그 낯선 경계에 머물고 있었다.

그리고 세월이 흐른 지금의 나는 가끔 그러한 고민과 편견에서 완전히 벗어났다는 착각을 하다가도 불쑥 예전의 내게 뒤통수를 맞곤 한다.

나는 여전히 그때와 얼마나 달라졌는지 아니면 달라진 척하며 훌륭한 연기자로 살아가고 있는 것뿐인지 도무지 분간할 수 없다. (2014)

새벽의 동물들

　새벽 네 시. 조금 더 눈을 붙이고 싶지만 오늘은 지방에서 아르바이트가 있는 날이다. 옷장에서 가장 두툼한 옷을 꺼내 평소보다 이른 시간에 집을 나선다. 날씨가 겨울의 길목을 돌아서고 있다는 일기예보는 오늘따라 정확하게 들어맞는다. 칼바람이 점퍼 사이를 비집고 들어와 사정없이 피부를 할퀴고 도망간다. 아무도 없는 새벽의 골목을 걷고 있으면 기분이 묘하다. 주인이 잠든 틈을 타 빈집을 몰래 엿보는 기분이랄까. 그래서 새벽에는 시선에 무게가 실려 한 곳에 오래도록 머물게 된다.

　마침 골목길 저편에서 누군가 리어카에 폐지를 한가득 싣고 내 쪽으로 걸어온다. 차가운 바람을 맨얼굴로 정통으로 맞으며 한 걸음씩 천천히, 균형이 무너져 금방이라도 쓰러질 듯, 그렇게 밭을 가는 소처럼 견디듯 걸어온다. 누군지는 모르겠지만 오늘 가장 일찍 일어난 노인임은 분명하다. 가장 일찍 일어난 노인이 가장 신선한 폐지를 주울 수 있으니까 말이다. 분명히 나의 시선은 다가오는 노인 쪽을 향하고 있다. 폐지의 크기며 종류, 쓰인 글자들, 그리고 그가 입고 있는 해진 옷들까지 조심스레 훑지만 그의 얼굴 쪽으로는 쉽사리 시선을 돌리지 못한다.

하지만 그 또한 자신이 찾아냈을 가장 풍성한 경로를 정찰하며 묵묵히 밟아나갈 뿐 주위의 다른 것에는 전혀 관심이 없어 보인다. 행여나 내가 그의 앞에 서 있었다 할지라도 리어카와 함께 내 몸을 관통할 것처럼 나 따위는 보이지도 않는 눈치다. 골목을 돌 때마다 구석구석 각자의 경로를 따르고 있는 폐지 줍는 노인들 서넛이 눈에 띈다. 멀리서 바라보니 바닥에 떨어진 폐지를 양팔로 긁어모으는 모습이 마치 쓰레기 더미를 뒤적이는 도둑고양이 같다. 다른 점이 있다면 고양이들은 인기척을 느끼면 작업을 중단하고 재빠르게 경계태세에 돌입하지만 그들은 폐지를 완벽하게 포획할 때까지는 그럴 수 없다. 그들은 소리를 잃은 사람처럼 침묵하며 폐지를 매만지다 한 명씩 소리 없이 어둠 속으로 사라진다.

새벽에 집을 나설 때마다 느끼는 것이지만 오직 새벽에만 볼 수 있는 광경들과 사람들이 있다. 버스 정류장 또한 첫차를 기다리는 사람들로 붐빈다. 어두운 회색의 작업복 차림으로 무리를 지어 있는 중년의 남성들에게 시선이 오래도록 머문다. 운 좋게 의자에 앉은 그들 중 몇몇은 지퍼를 목까지 채우고 잔뜩 웅크린 채 꾸벅꾸벅 졸고 있는데 어쩐지 비둘기를 연상케 한다. 잠시나마 편안한 곳을 찾아 쉬고 있지만 목적지에 도착하면 또다시 어디론가 날아가야 하는 비둘기들은 연신 시계를 바라보며 불안한 기색을 감추지 못한다. 그들과 같은 공간에 있지만 나는 아무래도 그들의 시선을 바라볼 수가 없다. 애써 외면하고 있다고 말하는 편이 솔직한 심정이겠다. 감당할 수 없을 것 같았다. 그들과 눈이 마주치는 그 순간의 파문이 내 감정을 어떻게 바꿔놓을지 두려웠다.

나는 이미 오래전에 그들을 외면했다. 그들의 입장에서 눈물 흘리는 날들이 있었지만 질식할 듯 답답한 현실 속에서 나는 타인의 입장을 조금씩 지워나갔다. 그들에게 시선을 두지 않는 방식이 익숙해졌고, 그렇게 그들은 내 삶에서 보이지 않는 사람들이 되었다. 나이가 든다고 저절로 제대로 보고 들을 수 있는 눈과 귀가 닳아 없어지는 것은 아니다. 다만 내가 시선을 외면하고 귀를 막은 채 그게 당연한 듯 살아온 것이다.

새벽에 도둑고양이처럼 쓰레기 더미를 뒤적이고, 자신의 삶의 무게를 감당하려는 듯 소처럼 묵묵히 리어카를 끄는 노인들의 모습에 무감각해지면 안 되는데. 첫차를 기다리는 인부들이 비둘기 떼처럼 모여서 꾸벅꾸벅 졸고 있는 모습을 새벽의 일상적인 풍경처럼 받아들이면 안 되는데. 지금의 나는 그것에 저항할 방법을 모른다. 마음만으로 바꿀 수 있는 것은 없겠지만, 마음마저 없으면 타인의 존재가 시야에서 완전히 지워진다.

생각에 잠겨 고속 터미널에서 안성행 버스를 기다리고 있는데 언제부터 있었는지 김밥 파는 할머니가 건물 기둥 옆에 쭈그려 앉아있다. 꺼내놓은 김밥을 지긋이 바라보며 미동조차 하지 않는 채로 추위를 견디고 있다. 나는 망설이다 할머니에게 김밥 한 줄을 사서 막 도착한 버스에 올라탄다. 칼바람에 흩날리는 털모자를 바로잡는 할머니의 모습이 창밖으로 점점 멀어진다.

나는 순간 남극에서 새끼를 품고 온몸으로 칼바람을 막아내는 펭귄의 모습을 떠올린다. 할머니는 무엇을 품고 이 겨울을 막아내고 있던 걸까. 그리고 우리도 이 겨울을 버티게 하는 무언가를 하나쯤은 간직하고 있는 걸까. 할머니는 마침내 시야에서 사라졌지만 김밥을 봉지에 담아주던 찰나에 마주쳤던 맑은 눈빛은 오래도록 내게 머물고 있다. (2012)

선인장

 예민한 사람들은 남들보다 심장을 두 개쯤은 더 갖고 살아가는 걸까. 그들은 모든 것으로부터 상처를 받는다. 하지만 결코 아무 일도 없었음에도 마음을 다치는 것은 아니다. 분명 상처가 되는 자극은 발생했으나 그것이 보통의 사람에게는 일상의 공기처럼 감각할 수 없는 자극일 뿐이다.

 그런데 때때로 그들은 일부러 상처를 발굴하고 끌어안는 것도 같다. 어떻게든 상처가 자신에게 흘러올 수 있도록 길을 만들기도 하고, 신경을 한껏 곤두세운 채 마음의 어긋남을 감지한 후 스스로 고통받기도 한다. 물론 그들 또한 예민한 기질을 의도한 적 없을 뿐더러 벗어나고 싶어도 마음처럼 되지 않을 따름이겠지만.

 어쩌면 감정의 변화나 사건의 조짐에 대해 가장 먼저 알아챌 수밖에 없는 특권을 가진 그들의 삶은, 남들보다 더 많은 것을 감각할 수 있는 대신 더 깊게 앓아야만 하는 숙명을 타고났는지도 모르겠다. (2015)

사랑에 대한 단상

나는 온 마음을 담아 사랑한다는 말을 해본 적이 있을까. 아니, 한 번이라도 누군가를 진심으로 사랑해본 적은 있을까. 외로움에 지쳐 아무에게나 기대는 가벼운 연애를 사랑으로 분류하기에는 사랑의 값진 희소성이 떨어진다. 물론 사랑은 상대적인 감정이라 당시에는 서로가 나눴던 마음을 사랑이라 믿었을지도 모르겠지만, 과연 훗날 그 시절을 반추해 볼 때도 여전히 그 마음은 변함없을까. 그건 누구도 예측할 수 없는 일이다.

오래전 그 사람은 이별 직후 이렇게 말했다. 사랑은 이별한 뒤에 눈물을 흘리는 것이라고. 당시의 어렸던 나는 그 말에 마음이 아파서 눈물을 흘리긴 했지만, 사랑이기 때문에 흘린 눈물은 아닌 듯했다. 하지만 그로부터 오랜 시간이 지난 후에야 나는 그 말이 어떤 명언보다 더 정확하게 사랑을 관통했다는 걸 깨달았다. 사랑은 늘 그렇게 존재가 아닌 부재로 우리 곁에 다가왔고, 뒤늦은 사랑의 깨달음이 돌이킬 수 있는 건 아무것도 없었다.

그렇다면 사랑의 확신이 없는 사랑한다는 말은 도대체 무슨 소용일까. 그 사람을 향한 감정이 얼마나 커졌을 때 사랑한다고 말해야 할까. 때때로 우리는 상대방의 요구나 기분을 맞추기 위해 사랑한다는 말을 섣불리 내뱉기도 하고, 진심으로 그 사람을 사랑하지만(한다고 믿지만) 아직 자신의 감정에 확신이 없어서 그 말을 아끼기도 한다. 혹은 무슨 말이든 빈번해지면 의미가 퇴색되어 아무런 감흥도 없는 평범한 일상의 언어가 될 걱정에 간신히 참아내기도 한다.

이렇듯 사랑한다는 말을 대하는 각자의 이유로 연인 사이에 균열이 발생하기도 하고, 때로는 관계가 극단으로 치닫기도 한다.

그래서 사랑한다는 말의 시기와 빈도에도 적당선이 필요하다. 너무 빈번하거나 너무 인색해도 곤란하긴 마찬가지. 둘만의 적당선을 찾는 방법이란 결국 시간을 두고 서로 맞춰가는 것뿐일 텐데, 이미 걷잡을 수 없는 사랑이 시작된 이상 마음을 조절하는 건 불가능에 가깝다. 그럼에도 다짐은 필요하다. 지난 사랑의 후회를 반복하지 않기 위해서 그 경험의 학습으로 다음 사랑은 실패하지 않겠다는 최소한의 마음가짐. 그 다짐의 유무에 따라서 다가올 사랑의 결말이 이전과 똑같거나 달라질 테니까.

*

 어떤 작가의 말마따나 사랑에는 불꽃처럼 타오르는 사랑도 있지만, 커피 향처럼 은은하게 퍼지는 사랑도 있다. 하지만 처음에는 아무도 모른다. 오직 내가 정답이라고 생각하는 사랑만 존재할 뿐 다른 가능성을 염두에 두지 않는다. 그렇지만 누구나 그렇게 실패하고 학습하는 시간을 수없이 거치고 난 뒤 마침내 아주 조금 더 성숙하고 진실된 사랑에 도달한다.

 사랑은 다른 사람이 대신해 줄 수 없다. 누군가 가르쳐 준대도 그대로 배울 수는 없다. 그 사람과 나는 전혀 다른 사람이고, 사랑은 사람의 숫자만큼 다양하기 때문이다. 결국 사랑은 직접 손으로 허우적대며 느껴보는 수밖에 없다. 어쩌면 그 과정에서 사랑을 향한 내 생각들도 끊임없이 달라지지 않을까. (2013)

오래된 일기장

　오래된 일기장에는 잃어버린 유년시절의 기억이 잠들어 있다. 그래서 페이지를 넘길 때마다 그 시절의 장면들이 선명하게 살아난다. 도시락 뚜껑을 열면 소시지가 있길 바라던 천진한 아이와, 키우던 햄스터가 탈출해서 울먹이는 아이와, 엄마의 생일에 고무장갑을 선물하고 혼자 뿌듯했던 아이가 파노라마처럼 스쳐 지나간다. 사소한 일에도 웃음과 눈물이 흘러넘쳤던 다시는 돌아갈 수 없는 그날들.

　유년시절의 일기를 읽는 일은 단순히 지난 추억을 넘겨보는 것에 그치지 않는다. 우선 일기의 첫 장을 넘기기에 앞서 단단한 마음의 준비가 필요하다. 최소한 유년기의 그 아이가 너무 커버린 나를 바라보며 얼굴도 마음도 왜 그렇게 많이 변했냐고 말을 건넬 때 눈시울을 붉히지 않기 위해서. 하지만 변했어도 괜찮다며 작은 품으로 나를 안아줄 때도 흔들리지 않기 위해서.

어쩐지 나는 그 아이의 작은 품 안에서 자꾸만 미안하다는 말을 할 것 같다. 무엇에 대한 사과인 줄도 모른 채 울먹이며 용서를 구할 것 같다. 너를 일부러 잃어버린 것도 아니고, 너를 싫어했던 것도 아니지만, 단지 지금의 내가 나라서 너에게 미안하다고. 모처럼 마주한 너에게 그런 말들밖에 해줄 수 없을 것 같다.

언젠가 우리가 다시 만나는 날이 찾아온다면 그때는 꼭 내가 먼저 웃으며 너를 안아줄 수 있기를. (2016)

당신과 나의 보폭

 어쩌다 우리가 만나 이렇게 나란히 걷게 되었을까. 나는 길을 걷다가도 문득 그 신비로운 인연에 대한 생각에 잠긴다. 서로 다른 두 사람이 만나 단순히 함께 걷는다는 건 어렵지 않은 일이지만, 오래도록 서로의 보폭을 맞춰가며 나란히 걷는다는 건 뜻밖의 선물과도 같은 일이다.

 서로의 보폭을 배려하는 마음을 갖기까지 우리는 얼마나 많은 인연을 떠났으며, 또 얼마나 많은 사랑을 떠나보냈을까. 사랑을 잃은 아픔이 우리에게 작은 성찰이 되기까지 얼마나 고된 시간을 견뎌왔을까. 그 불안하고 조급했던 보폭의 시간이 지나가고, 마침내 우리의 발걸음이 서로를 마주했다.

 한 사람의 걸음이 뒤처지면 앞선 사람이 잠시 기다려 주는 넉넉한 마음과, 걷다가 지칠 때는 함께 마주앉아 숨 고를 수 있는 적당한 나태함으로, 우리는 지금 이 순간을 나란히 걷고 있다. (2015)

우리의 열등감

열등감은 많은 부작용을 동반한다. 자신을 지나치게 부풀리고 내세우며 수준에 맞지 않는 삶의 양식을 자신의 일상에 끼워 맞춘다. 모든 행동과 사고의 초점이 자신이 아닌 '남들이 바라보는 자신'에게 집중된다. 무리해서 자신의 결점을 감추고, 무리해서 자신이 꾸며낸 모습을 증명하고 인정받으려 몸부림친다.

심각한 건 본인조차 가짜의 자신과 진짜의 자신을 혼동한다는 점이다. 하지만 무엇이든 감출수록 드러나기 마련이라 이내 자신이 애써 구축해온 벽이 허물어져 알몸으로 세상을 직면해야 할 때가 찾아온다. 그때를 대비하지 않으면 한순간 무너지는 괴리의 틈에서 질식할지도 모른다.

사람들은 우리에게 얼마나 관심이 있을까. 당연히 생각보다 관심이 많고, 당연히 생각보다 관심이 없다. 그것은 우리가 마음대로 통제할 수 있는 영역이 아니다.

하지만 사람들의 관심과는 상관없이 우리에게도 허울 없이 아름다운 부분이 존재한다고 믿는다.

무리해서 증명하거나 인정받으려 애쓰지 않아도, 우리를 다른 누구도 아닌 우리답게 만들어주는 우리만의 고유한 가치. 어쩌면 그 작고도 커다란 가치를 재발견하고 지켜내는 일이 비교의 늪에서 허덕이는 지금의 우리가 풀어갈 당면의 과제가 아닐까. 타인의 기준에 매몰되지 않을 우리의 삶을 위해서. (2015)

우리가 멀어지던 그 순간

영화 〈우리들〉

어린시절의 나는 외톨이가 될지도 모른다는 두려움이 있었다. 내가 좋아하는 친구가 어느 날 갑자기 나를 멀리하던 그 순간의 감정을, 그 눈빛을, 그리고 나를 지켜보며 비웃던 아이들의 표정을, 나는 지금도 여전히 생생하게 기억하고 있다. 사랑을 몰랐던 그 시절 나의 세상은 오직 친구들로 가득했다. 좋아하는 친구가 나를 대하는 표정과 말투의 작은 변화에도 나는 무척 예민하게 반응해서 그날의 기분은 온전히 그 친구에게서 비롯되었다.

하루는 그 친구가 갑자기 나를 차갑게 대하던 날이 있었다. 혹시나 내가 실수를 한 걸까 걱정돼서 이유를 물어봐도 친구는 얼버무리기만 할 뿐 내가 불편하고 귀찮다는 듯 자리를 피했다. 나중에 알고 보니 반에서 나보다 인기도 많고, 공부도 잘하고, 운동도 잘하고, 게다가 과자까지 잘 사주는, 한마디로 나보다 훨씬 영향력 있는 아이와 친해졌기 때문이었다.

언제나 그 아이의 책상 주변에는 반 아이들이 모여들었다. 환한 얼굴로 서로의 간식을 나눠 먹기도 하고, 서로를 칭찬하기도 하고, 때로는 다른 아이를 놀리기도 하면서 자신들만의 무리를 이뤄갔다. 그러다가 그 영향력 있는 무리가 나를 싫어하기 시작하자 내 친구는 서서히 나와 멀어질 준비를 하는 것이었다. 아마도 인기 있는 그들과 어울리기 위해서 외톨이 같은 나와는 절교 비슷한 걸 했던 것일 테지. 그때는 친구가 나를 배신했다는 원망만 가득했지만, 먼 훗날 나 또한 누군가에게 똑같은 방식으로 절교를 강요하게 될 줄은 상상도 못했다.

내 기억 속 한 친구가 있다. 나는 처음부터 그 친구가 좋은 사람이라는 걸 알았다. 겉보기에는 거칠고 철없어 보이는 부분도 많았지만 속은 누구보다도 여리고 따뜻한 친구였는데, 사람들은 그의 겉모습만 보고 판단하니 친구로서 속상할 따름이었다. 그래서 나는 더욱 사람들의 시선은 무시한 채 언제나 그 친구를 감싸며 단짝처럼 지냈다. 그런데 문제는 사람들은 생각하기 쉬운 대로 생각하고, 믿고 싶은 대로 믿는다는 것이었다. 친구는 유유상종이라며 나도 어느새 사람들로부터 그와 비슷한 평가를 받으며 문제아 취급을 받고 있었다.

어쩌면 나는 그 오해가 두려웠던 것 같다. 자꾸만 나도 모르게 그 친구와 거리를 두려 하는 나를 발견하게 되었고, 계속해서 이렇게 지내다가는 나 또한 그 친구처럼 기피대상이 될 듯한 느낌이 들었다. 우리는 그렇게 서서히 멀어졌다. 물론 내 쪽에서 절교를 강요한 것과 다름없었지만. 그렇게 나는 다수의 무리에 들어가서 나를 오해하는 사람들에게 나는 그 친구와는 다르다며 끈질기게 해명을 했다. 이 모든 게 결국 나를 지키기 위함이었다는 치졸한 변명과 졸렬한 합리화만 남긴 채 그 시절이 지나갔다.

지금의 내가 되기까지 나는 얼마나 많은 친구를 만나고, 떠나고, 그리고 떠나보냈을까. 그동안 내가 들여다보지 못한 그 친구들은 과연 그때 어떤 심정이었을까. 그렇게 스쳐 지나간 친구들은 지금의 나를 어떻게 생각하고 있을까. 누구보다 자신에게 많은 상처를 준 사람이 지금은 이렇게 지독한 위선을 떨며 산다고 생각할 수도 있겠고, 그때는 어렸으니 너도 너 자신을 지키는 게 가장 중요한 일이었을 거라고, 가만히 나의 어깨를 감싸 안아 줄 수도 있겠다.

우리는 이제 더 많은 우리만의 입장을 갖게 됐다. 예전과는 다르게 지켜야만 하는 것들이 많아졌고, 무엇보다 겁도 많아져서 도무지 다른 사람의 입장을 생각하려 하지 않게 되었다. 속물이 되는 건 생각보다 간단하다.

자신이 추구하는 어떤 한 가지 가치에만 눈이 멀게 되면 다른 가치들은 전혀 볼 수 없는 장님이 된다. 그런 의미에서 우리는 그때나 지금이나 조금씩은 속물이지 않을까. 어린 시절에는 외톨이가 될지 모른다는 두려움이 있었다면, 지금은 이미 외톨이가 되었으니 지켜온 걸 잃을지도 모른다는 두려움이 생겼다.

영화에서처럼 우리의 이야기는 아직 완전히 끝나지 않았을 것이다. 누군가 먼저 손을 내밀면 오랫동안 멈춰 있던 우리의 관계는 마침내 다시 연결될지도 모르겠다. 모든 건 언제나 용기의 문제였다. (2016)

---

* 영화 『우리들』 감독 윤가은 2016

자기 안의 감옥

우리는 가끔 안에서 문을 걸어 잠근다.
그리고 그 안에 갇힌 채 끊임없이 문을 두드린다.

상대방이 바깥에서 문을 열어주길 기다리면서.

그 문을 잠근 건 다름 아닌 우리 자신이고,
열쇠도 애초부터 우리 손에 쥐고 있었다는 사실은
완전히 망각한 채로.

(2015)

사회생활

    나는 조직 문화의 부적응자다. 꾸준히 개인의 삶을 추구하고 처세술에 거리를 둔다. 그래서 내가 원하지 않는 불편하고 소모적인 상황에 처할 때마다 무슨 수를 동원해서라도 그곳에서 빠져나온다. 그렇게 유난을 떨 때마다 나는 더욱 문제 많은 직원으로 낙인 찍히지만, 도무지 내게 없는 내 모습을 연기할 자신이 없다. 어쩌면 애초부터 그런 기질을 타고났는지도.

    누군가 내 뒤를 엄호해 주는 사람이 있는 것도, 그렇다고 든든한 배경이 있는 것도 아니면서, 나는 오직 처신을 위해 나를 내려놓은 적은 없다. 물론 나도 최소한의 사회적인 삶을 위해 무던히도 나 자신을 바꾸려고 노력해봤지만, 그런 내 모습을 바라보며 역겨움에 구역질을 하고 말았다.

    어차피 나는 연기를 하면 자연스레 어색한 티가 나는 사람이라서, 그냥 내 모습으로 살아가든 아니면 애써 가면을 쓴 채 다른 사람들이 원하는 모습으로 살아가든

별 차이가 없다는 걸 알게 됐다. 그건 아마도 내가 연기를 제대로 해내지 못한 탓도 있겠지만, 연기를 할 때 지나치게 기력이 소진되고 수명이 감축되는 느낌을 받았기 때문이다.

완벽하게 해내지 못할 것이라면 차라리 온전한 내 모습으로 남는 게 좋겠다. 어설픈 연기를 들키면 다른 사람들에게 환멸을 안겨줄 뿐이니까. 그런데 사회생활을 하다보면 생각보다 연기를 들키는 사람들이 많은데 신기한 건 그들은 자신들이 탁월한 연기자라고 믿는다는 것이다.

나는 사람마다 각자의 생존법이 있다고 믿는다. 연기만이 생존의 방법인 사람도 있을 테고, 오랜 시간을 들여 연기 없이 진가를 인정 받는 사람도 있을 테고, 인성은 탐탁지 않아도 능력이 뛰어나서 아무도 내칠 수 없는 사람 등등. 누구나 사회에서 살아남기 위해 선택하거나 타협한 자신만의 무기가 있는 것이니까.

물론 누구나 처음부터 자신만의 무기를 장착한 채 사회생활을 시작하는 건 아닐 것이다. 오랜 세월 다양한 방법을 시도하다가 결국 자신에게 가장 잘 맞는 방법에 정착하는 것이겠지. 그러니까 지금 당장 아무런 무기도 없이 빈손으로 사회생활을 한대도 지나치게 조급할 필요는 없겠다. 사람들은 빈손으로 사회에서 뛰어노는 철부지를 어떻게든 강인하게 단련시켜줄 테니까. 그게 비록 고통과 시련일지라도 결국은 그 과정을 통해 나를 지키는 방법을 터득하는 셈이다.

결국 내가 터득한 생존법은 조직과 문화에 타협하지 않고 겉도는 것이다. 그렇게 외톨이로 지내며 나를 잃지 않는 일이다. 조직에 속한 사람이 겉돌며 지낸다는 건 당연히 인사고과는 포기했다는 뜻일 테고. 그런데 이 생존법은 최소한 내가 맡은 업무에서만큼은 완벽을 추구해야 할 뿐더러, 결코 남들에게 피해를 주지 않아야만 그나마 납득 가능한 방법이라는 점을 늘 염두에 둘 필요가 있다.

자유롭게 겉돌기 위해서라도 일단은 업무에 탁월한 직원이 되어야 한다는 아이러니.

하지만 지금의 최선은 그런 것이다. (2015)

정적인 삶

나는 좀처럼 집 밖을 나서지 않는다. 한 곳에 뿌리를 내리고 머무르는 식물처럼 나는 유독 좋아하는 장소에만 머무른다. 카페도, 식당도, 책방도, 옷 가게도 첫 방문이 마음에 들면 줄기차게 그곳만 찾아간다. 이것으로 충분하다는 생각으로 가득해서, 굳이 다른 곳을 찾아야 할 필요를 느끼지 못한다.

필요한 물건 이상으로 생활을 채우지도 않는다. 대신 늘 기본적인 물건에만 욕심을 부린다. 브랜드 로고와 무늬가 없고, 유행을 타지 않는 수수하고 단정한 무채색의 옷들이 그것이다. 기본이란 더는 군더더기를 덜어낼 수 없는 최소한의 상태를 의미할 텐데 그 기본의 상태가 내게는 완전한 안정과 평온을 안겨주기 때문이다.

그런데 가끔은 정적이고 늘 똑같은 삶의 모습이 지겨워질 때가 있다. 어쩌면 그때가 바로 요즘이라 서울 곳곳을 돌아다니고 있는데 내게는 일종의 일탈이자 도

전이다. 길치인 나는 남들보다 조금 더 걸어야만 내가 원하는 목적지에 도착할 수 있어서 늘 정신을 바짝 차려야 한다. 물론 내가 원하던 외출이기 때문에 낯선 거리도 불편함보다는 설렘으로 가득하지만, 길눈에 밝지 않은 나는 쉽게 길을 잃고 만다. 그런데 신기한 건 길을 잃었을 때에야 비로소 주변의 풍경을 둘러보게 된다는 점이다. 지도에만 의지한 채 목적지로 직행할 때와는 달리 길을 잃고 주변을 둘러볼 때는 전혀 다른 세상이 눈에 담긴다.

그곳에는 내가 무심코 지나친 풍경들이 있었다. 좁은 골목의 숨은 가게들도, 가파른 언덕을 오르는 마을버스도, 평상에 둘러앉아 대화하는 주민들의 모습까지도. 길을 잃기 전에는 내게 없던 오늘의 장면들이다. 실은 나도 오래전부터 알고는 있었다. 나는 조금 더 생활의 반경을 넓힐 필요가 있고, 사람은 딱 경험치만큼만 넓어진다는 것을. 물론 알면서도 쉬는 날에는 피곤하다는 이유로 좀처럼 집 밖을 나서지 못했다.

하지만 늘 똑같은 일상의 모습에 일부러 변수를 만들지 않는다면 내 삶의 풍경은 마지막 순간까지 이미 정해진 것과 다름없다. 이따금 일탈과 도전을 감행했을 때 후회보다는 뿌듯함이 많이 남았던 걸 보면 정적인 식물의 삶을 사는 나도 이제는 화분을 벗어날 때가 된 것도 같다. 한가지 삶의 태도만 추구하면 결국 한 부분만 웃자랄 테니까. 불균형한 삶의 모습도 뒤늦게 다른 한쪽에 비슷한 무게를 실어주면 조금씩 중심을 찾아갈까. 가끔은 내가 살아보지 못한 동적인 삶에 미련과 기대를 품는다. (2015)

혼자만의 시간

　이따금 나의 직업은 사람을 극한의 외로움에 던져 넣는다. 물론 완전히 직업 탓은 아니겠지만 환경적인 부분도 외로움에 커다란 영향을 끼치기 마련이니까. 가장 큰 이유는 아무래도 시차의 존재이다. 적게는 서너 시간부터 많게는 열아홉 시간까지 차이가 난다. 해외에서 아침을 맞는 시간이 한국에서는 하루를 마무리하는 시간이 될 때가 많은 셈인데, 그렇게 되면 서로 연락을 주고받을 시간이 마땅하지 않다.

　문득 혼자 남겨진 느낌이란 무척 낯설다. 여행자라면 언젠가 다시 고국으로 돌아갈 예정이기 때문에 잠시만 그 시차를 즐기면 된다. 하지만 직업인의 경우에는 어떻게든 그 혼자만의 시간에 익숙해져야만 하는데 대부분 두 부류로 나뉜다. 혼자를 반기는 사람과 우울감에 젖는 사람으로. 나는 물론 그 시간을 반길뿐더러 기다리는 사람에 속하지만 그렇지 않은 사람들이 훨씬 더 많은 것 같다.

외로움 앞에서 막막한 감정이 드는 건 언뜻 당연한 일이다. 누구도 처음부터 혼자만의 시간이 익숙하진 않았을 것이다. 혼자가 익숙한 사람도 처음에는 당혹스럽지 않았을까. 혼자일 수밖에 없어서 혼자가 편해진 사람도 있겠고, 혼자가 되고 싶어서 홀로 남은 사람들도 있겠다. 물론 애초부터 혼자가 편한 기질을 타고난 사람도 있겠지만, 대부분은 많은 시간과 노력을 들여서 혼자만의 시간에 적응하지 않았을까.

한국 사회에서는 혼자가 편한 사람들을 여전히 부정적인 시선으로 바라보는 경향이 짙다. 그래서 그들은 때로 사회생활을 못하는 사람, 재미없고 지루한 사람, 그리고 특이하고 이상한 사람으로 불리기도 한다. 유난히 집단과 조직을 강조하기 때문에 다른 동료들과 떨어진 채 개별적으로 행동하기가 서구권에 비해 상대적으로 어렵다.

그럼에도 혼자의 시간을 견딜 수 없는 사람과, 많은 사람 속에서 피로가 쌓이는 사람은 어떤 선택을 할 수밖에 없다. 다른 것들을 포기하고 자기만의 시간을 확보하는 것. 소위 말하는 사회생활과, 폭넓은 인간관계를 적당히 내려둔 채 내가 추구하는 삶의 방식을 지켜내는 것이다. 혼자일 때 비로소 온전해지는 사람이 어디 나 하나뿐일까. (2015)

새벽에 걸려온 전화

 친구가 밤늦게 술에 취해 울면서 전화를 했다. 이 시간에 무슨 짓이냐고 물었더니 대답은커녕 울음소리가 돌고래 초음파 소리처럼 변했다. 이따금 통화할 때 전화기를 든 오른손이 너무 저려서 차라리 책상에 올려둔 채 스피커폰으로 돌려 두곤 하는데, 그날은 다행히 오른손이 버텨준 덕분에 기숙사 룸메이트들까지 돌고래 소리에 까무러치는 불상사는 막았다.

 마침내 친구가 스스로 울음을 멈추고 마음이 안정되자 청승맞은 사연을 풀어냈다. 아마도 술김에 하소연할 상대가 필요했던 것 같다. 몇 번의 수신 거부 끝에 하필이면 내가 걸려들었을 테지. 이래서 밤늦게 걸려오는 전화, 특히나 새벽 두 시가 넘어 걸려오는 전화는 공포스럽다. 괜히 영화에서 새벽에 전화가 걸려올 때면 섬뜩한 음악을 집어넣는 게 아닐 것이다.
 우리 또래에 술 취한 새벽에 친구한테 전화해서 우는 가장 흔한 이유는 대략 이 정도가 아닐까. 연인과 이별했는데 하소연할 곳이 없는 경우(이때는 그날 잠은 다 잤다고 보면 된다), 연인과 헤어지고 싶은데 고민이 되는 경우(이때는 대부분 이미 답을 내려둔 상태라 적당히 공감해주면 되는데, 어차피 술에 취해 있어서 그냥 끊어도 다음 날 기억하지 못한다), 그리고 취업에 계속 실패하는 이야기(이때는 적당히 한탄에 호응하다가 다음의 희망을 말하며 끊으면 된다).

친구의 사정은 첫 번째의 경우였다. 우는 이유를 내게 한 줄로 요약하더니 또다시 오랫동안 동물 같은 소리를 냈다. 상대가 동성이건 이성이건 울고 있을 때 위로해준답시고 울지 말라고 하면, 그때부터 본격적으로 울기 시작한다. 그러니 우는 사람 앞에서 섣불리 이런 말들은 하지 않는 편이 좋다. 너 지금 울어? 왜 울어? 울지 마. 이 말들을 연속으로 들으면 상대는 다음 날 눈이 붓다 못해 소멸될 정도로 울음을 터뜨리기 마련이니까

"어쩌겠어. 영원할 거라 믿고 만났겠지만 우리도 이제 잘 알잖아. 영원이나 약속 같은 말들을 너무 쉽게 내뱉으면 안 된다는 거. 그치만 너무 속상해하지는 마. 지금은 좀 힘들겠지만 머지않아 시간이 야속할 만큼 빠르게 잊힐 거야. 사람은 행복했던 시간이 지나면 그 시간만큼은 아픈 시간을 견뎌야 한다더라. 술 한잔에 치킨 한 마리 했으면 좋겠는

데, 너도 알다시피 내가 유별나서 술을 못 마시잖아. 그렇다고 이 새벽에 울면서 치킨만 뜯는 건 또 이상할 거 같고. 그러니까 얼른 집에 들어가서 자라."

통화는 배터리 방전을 핑계 삼아 강제로 종료시켰다. 역시나 다음 날 친구는 아무것도 기억하지 못했다. 예상한 결과였지만 그래도 어젯밤에는 울먹이는 친구의 목소리를 무작정 외면하기에는 내 가슴도 조금은 아팠던 듯하다. 남자가 왜 그런 걸로 울고 있냐고 핀잔만 줄 수도 있었겠지만, 이럴 때가 아니면 언제 또 그렇게 마음껏 울어볼 수 있을까.

비록 그 울음소리가 무척 참기 힘들었지만 그래도 친구의 세상은 처절하게 무너진 상태였을 테니까. 하지만 무너진 세상은 생각보다 빠르게 차곡차곡 복구된다는 걸 곧 깨닫게 될 테니 더는 친구를 걱정하지 않아도 되겠다.

다만 오늘부터는 꼭 전화기를 꺼두고 자야지.
(2012)

회복기

각박한 세상 속 사람들의 마음 또한 차갑고 건조해진다. 시작도 하기 전에 의심하며 끝을 생각하고, 어떤 노력에도 좀처럼 믿음을 살 수 없다. 혹여나 어렵게 얻어낸 믿음이 있대도 실수 하나에 냉정하게 돌아선다.

언젠가 사람에게 받은 상처가 아직 아물지 않았기 때문일까. 새로운 사랑을 시작하면 그 흉터가 벌어져 지나간 아픔이 진물처럼 새어나오니까.

하지만 모순적이게도 그 상처에 연고가 되어주는 것 또한 사람이다. 믿지도 속지도 않는 자보다는 믿다가 속는 자가 훨씬 행복하다는 말이 있는 것처럼 상처가 두려워 마음의 철문을 굳게 닫는다면 상처는 결코 회복되지 않는다. (2014)

느낌으로 기억되는 것

우리는 대부분 첫 만남에서 서로에게 생김새로 먼저 기억된다. 때로는 말투나 목소리로, 입고 있는 옷들과 그 사람만의 분위기로, 그리고 다른 사람을 상대하는 태도로 기억된다.

그러다 아주 드물게 다른 것들보다 느낌으로 먼저 다가오는 사람이 나타나기도 한다. 온화한 기운으로 마음을 정화해 주는 사람. 그런 사람은 생김새보다 느낌으로 먼저 기억된다. 아니, 각인된다고 말하는 편이 낫겠다.

그렇게 각인된 사람들은 쉽게 잊히지 않는다. 오래도록 결코 잊을 수가 없다. (2015)

눈물의 방법을 잊은 사람들

 우리는 관계의 홍수 속에서 중심을 잃고 허우적댄다. 빠져나가려 할수록 더 깊은 곳으로 빠져들 뿐 좀처럼 홍수에서 탈출할 수 없다. 이따금 누군가 밧줄을 던져주지만 이 밧줄이 과연 단단한지 의심부터 든다. 낡은 줄이었다 해도 결국 모든 뒷감당은 우리의 몫이다.

 우리는 그렇게 상처를 경험한다. 같은 홍수에서도 누군가는 분명 남들보다 마음의 피부가 얇은 탓에 조금 더 쉽게 상처를 받고, 그들의 상처는 아물 틈도 없이 물살에 휩쓸려 곪아 터진다. 하지만 마음의 피부가 두꺼운 누군가는 같은 물살에도 끄떡없이 늘 관계의 주도권을 차지한다.

 그렇다면 우리가 끊임없이 몰아치는 관계의 홍수 속에서 상처받지 않고 오랫동안 생존하려면 쓸데없는 감정 따위는 지워버려야 하는 걸까. 감정을 지우고, 생각도 지우고, 마음도 지운다면, 비로소 어떤 자극에도 상처받지 않겠지만, 그때의 우리는 더는 사람이 아닌 로봇으로 불릴지도 모르겠다.

아직은 극장에서 눈물을 흘리는 사람들을 어렵지 않게 발견하지만, 언젠가는 우리가 오직 극장에서만 눈물을 흘릴 수 있는 존재들이 되는 건 아닐까. 그때가 되면 감정과 마음은 구시대의 낯선 유물처럼 신기하지만 쓸모를 알 수 없는 흔적으로 남는 건 아닐까.

눈물의 방법을 잊은 사람들이, 감성과 마음을 지운 사람들이 도처에서 좀비처럼 광장으로 모여든다. 우리는 더 늦기 전에 우리의 생존을 위한 백신을 마련해야 한다. (2012)

안부

　살면서 가끔 생각났고, 오늘은 생각난 김에 용기 내서 연락해봤어요. 매번 충동을 억누르곤 했는데 이번에는 그게 잘 안 됐어요. 시간은 많이 흘렀는데 기억은 멀어지지 않아서 난감했고요. 사랑이 끝나면 원래 이런 걸까요. 이별의 아픔도 생각보다 금세 잊히곤 했는데 이상한 일이죠.

　그때가 그립지만 돌아가고 싶진 않아요. 후회가 많지만 돌이킬 수도 없겠고요. 그렇게 끝났어도 살면서 한 번은 마주칠 줄 알았어요. 누군가 실수로라도 먼저 연락하지 않을까 싶었거든요. 만약 그날이 온다면 꼭 하고 싶은 말이 있었어요. 이따금 먼저 연락해서 그 말을 전할까도 싶었지만, 언젠가 분명 우연한 기회가 찾아올 거라 믿고 계속 미루기만 했어요. 하지만 지금까지처럼 앞으로도 그런 일은 일어나지 않겠죠. 별말은 아니지만 이제 더는 미룰 수 없어서요.

　고마웠어요. 오래전 그때 이 말도 제대로 전하지 못해서 미안했고요. 그럼 건강하게 잘 지내세요.

안경

사물이 멀어지면 우리는 눈을 가늘게 뜬 채 초점을 맞추려 애쓴다. 작고 희미해진 사물을 놓치지 않기 위해 온 신경을 집중한다. 급기야 안경을 착용하기도 하면서.

그런데 사물이 아닌 사람의 마음이 멀어질 때 우리가 할 수 있는 건 많지 않다. 이미 멀어질 만큼 멀어진 다음에야 뒤늦게 관계의 소멸을 알아챈다. 이른 줄 알았더니 너무 늦었고, 돌이킬 수 있다고 믿었지만 떠나버렸다.

마음에도 안경을 착용했다면 달랐을까. 그랬다면 우리가 멀어지기 시작했던 그때부터 이별의 조짐을 발견하고 예방했을까. 부질없는 생각이 현실을 바꿔주진 않는다.

우리의 관계는 상상과 가정 속에서만 살아있다.

남겨진 것들

당신은 여전히 나의 내면에 살아있다. 그 시절의 우리는 하나가 되기 위해 서로에게 온 마음을 내어줬다. 만남의 기간과는 무관하게 인연을 맺은 이상 우리는 서로 닮아갔다. 한 시절을 나눴는데 서로 닮아가지 않는다면 그게 훨씬 이상한 일이었을 것이다. 그렇게 서로의 작은 버릇부터 생각의 흐름까지 뒤섞인 채 만남을 이어갔다.

그러다 만남의 시절이 끝날 때쯤 우리는 살점을 뜯어내는 고통으로 다시 원래의 상태인 두 개의 몸으로 분리되었다. 하나가 되려던 때보다 훨씬 더 처절하고 끈질기게 서로가 의지를 갖고 멀어져야만 했다. 이별은 마취 없이 몸의 일부를 떼어내는 일과도 같았다. 다시는 기억하지 않을 것처럼 다시는 미련 두지 않을 것처럼 우리는 그렇게 고통을 감내하며 한 시절을 마무리 지었다.

하지만 시간의 흐름은 생각보다 많은 것을 희석했다. 살면서 종종 그때를 돌아보는 날들이 있었고, 서로의 안부가 궁금한 날도 있었다. 우연히 연락이 닿았을 때 역시나 당신은 내가 한 시절을 바칠 만한 사람이었다는 걸 새삼 깨닫기도 했고, 아니면 역시나 우리는 그때쯤 이별하길 잘했다는 걸 깨닫고 안도의 한숨을 쉬기도 했다.

시간을 빌미로 우리는 이제 서로에게 담담함이 되었다. 기억하는 것과 미련 두는 것은 얼핏 서로 비슷하지만 전혀 다른 성분의 감정이다. 기억은 잔잔하지만 미련은 여전히 요동친다. 하지만 그것과는 상관없이 만남의 흔적들은 여전히 서로의 삶에 관여하고 있다. 흔적들이 살아날 때마다 아픔일 수도 있겠지만, 때로는 고마움일 수도 있겠다.

분명한 건 나는 당신과의 시절 덕분에 지금을 살아가고 있다는 점이다. 그래서 지금의 사랑에 더욱 전념하고 있는지도 모르고. 우리가 그 시절을 각기 다르게 기억할 수도 있겠지만, 고통을 감내하며 이별하던 순간과는 상관없이, 지금 돌아보면 모든 순간이 아름다운 추억이었다. 내색하진 않아도 결국 나는 그 추억에 빚진 삶을 살아가는 셈이다. (2015)

슬픔의 형식

 어떤 사람들은 슬픔의 감정에 유난히 취약하다.

 기분이 가라앉는다는 이유로 사람들이 기피하는 분위가 있다. 그럼에도 슬픔을 담고 있는 예술 작품에 자신도 모르게 빠져드는 까닭은 그것이 어떤 부류의 사람들에게는 역설적이게도 슬픔이 아닌 아름다움으로 다가오기 때문이다. 창작자의 숱한 고통과 절망의 광기에서 비롯된 수많은 작품의 이면을 바라보며 자신만의 고유한 의미를 발견하는 사람들.
 그들은 심적으로 극한의 고양감을 느끼지만, 반대로 다른 부류의 사람들에게는 단지 고통을 겪고 있는, 위로가 필요한, 결국 좌절한 인간의 몸부림으로 비친다.

 삶이 고통으로 가득하기 때문에 슬픔에 취약한 것은 아니다. 우울증을 앓기 때문에 슬픔과 절망에 매료되는 것은 아니다. 다만 남들처럼 아니, 남들보다 삶을 조금 더 정성껏 살아내고 싶을 뿐인데, 사람들은 괜찮은지 물으며 알 수 없는 위로를 건넬 뿐 내면을 들여다보려 하진 않는다.

슬픔과 우울에 취약한 사람들은 위로와 응원이 간절하지 않다. 다만 그들에게 필요한 건 이해와 공감이다. 어딘가에는 당신과 같은 마음을 간직한 사람들이 있다는 것, 당신의 감정이 잘못되거나 이상하지 않다는 것, 그러니 당신은 결코 혼자가 아니라는 것. 그들을 자유롭게 숨 쉬게 하는 건 다름 아닌 이런 마음들이다. (2015)

철부지

　이곳은 따뜻하고 견고한 알의 내부이다. 이 안에 있으면 숙식 걱정은 물론 장래 걱정 또한 필요 없다. 가만히 있으면 양분이 주입되고 온도도 적당한 맞춤형 공간이다. 간혹 내가 문제를 일으켜도 누군가 곧장 뒷일을 책임져 준다. 따뜻하고 안락하고 풍족한 이곳의 환경에서 벗어나고 싶지 않다.

　그런데 갑자기 온도가 떨어지기 시작한다. 양분도 수시로 주입되지 않는다. 추위와 배고픔을 참지 못해 울음을 터뜨리면 그제야 다시 따뜻해지고 양분이 주입되지만 예전에 비하면 터무니없는 수준이다. 나를 전적으로 돌봐주던 그 사람에게 무슨 일이라도 생긴 걸까. 아니면 내가 너무 큰 잘못을 저질렀을까.

　시간이 얼마나 흘렀을까. 알의 내부가 너무 비좁다. 예전처럼 누울 수도 일어설 수도 없다. 온도는 날마다 변하고 양분도 때마다 공급되지 않는다. 한순간 바닥의 흔들림이 강해졌고, 알 벽에 미세한 균열이 생긴다. 그 틈새로 밝은 빛이 들어오는데 눈부심에 도저히 적응하지 못하고 그 틈새를 다시 막는다.

하지만 곧장 사방에서 다른 균열들이 발생하고 틈이 벌어지면서 알이 무너지려 한다. 나는 안간힘으로 무너진 벽의 파편들을 부여잡는다. 이 벽이 완전히 붕괴되면 더는 안전하게 보호받지 못하고 눈 부신 빛 아래 방치될 것이다. 하지만 내가 파편들의 무게를 버텨내지 못하고 주저앉자 벽은 순식간에 무너졌다.

그때 어디선가 처절한 비명이 들렸다. 나는 완전히 붕괴된 알의 잔해들을 바라보며 두려움에 떤다. 갑자기 낯선 환경에 널브러진 채 두 팔을 허우적거리며 몸을 숨길 곳을 찾는다. 발버둥칠 때마다 멀리서 들려오는 비웃음만이 내 주위를 맴돌 뿐이다. 그 소리의 정체가 궁금해 고개를 들지만 감당하기 힘든 뜨겁고 밝은 빛이 나를 허락하지 않는다.

그런데 항상 나를 보호해주던 그 사람은 어째서 나타나지 않는 걸까. 지금이 그 사람이 절실한 순간인데 왜 갑자기 나를 외면하는 걸까. 뜨거운 빛에 온몸이 녹아내릴 듯하고, 허기에 지쳐 무너진 알의 파편들을 씹어

먹으며, 기이한 소리에 둘러싸여 고통받고 있는데. 왜 정작 필요한 순간이 찾아오자 나를 혼자 두는 걸까.

아무리 하소연해봐도 소용없다. 알 밖의 나는 투명인간일 뿐이다. 나는 알이 깨지길 원하지 않았다. 오히려 알 속에서 영원히 살고 싶었다. 이곳은 어디일까. 나는 아직 아무런 준비가 되지 않았는데. 이제 나를 돌봐주던 그 사람도 홀연히 떠나버렸는데. 나는 한참을 더 고개를 떨군 채 주저앉는다.

나는 간신히 몸을 일으킨다. 누구도 나를 지켜주지 않더라도, 이곳이 내가 살아가야 할 세상이라면, 여기서 삶을 포기할 게 아니라면, 나는 어떻게든 내 방식대로 발을 내딛어야 한다. 두려움에 온몸을 떨며 계속해서 넘어지고 다치더라도, 그럼에도 다시 일어서 한 발짝씩 나아가야 한다.

알을 직접 깨뜨리진 못했지만 알은 이미 깨졌으니, 여기서부터는 내 두 발로 직접 살아가야 할 세상이다. (2013)

---

*   헤르만 헤세 『데미안』 문장 인용

"새는 알에서 나오기 위해 싸운다. 알은 세상이다.
태어나려는 자는 자신의 세계를 깨뜨려야 한다."

그런 적이 있었다

 누구에게나 그런 적이 있었다. 그 시절이 아니면 절대로 불가능한 이야기가 있었다. 온전히 순수한 마음은 아이스크림처럼 찰나의 시간 동안만 그 모습을 유지한다. 시간이 조금 지나면 아이스크림은 서서히 녹기 시작하고 마침내 본래의 모습을 잃는다. 아무리 처음의 모습으로 돌려놓으려 애써봐도 결국은 갓난아이가 망쳐놓은 찰흙 인형처럼 엉망이 된다. 그때는 몰랐지만 그 시절은 짧은 만큼 더없이 값진 시간이었다.

 그때는 마음만으로도 충만한 날들이었다. 사랑이든 꿈이든 마음을 쏟을 대상과 방향을 결정하면 현실을 외면한 채 무작정 뛰어들었다. 어른들은 그 모습을 바라보며 어리석은 짓이라고, 잠깐이면 사라질 젊음의 치기라고, 그러니 이제 그만 정신 차리라고 했다. 하지만 어른들도 분명 한때의 그 시절을 열정적으로 건너온 사람들일 텐데, 역시나 세월과 현실은 사람을 겁쟁이로 만드는 걸까. 이제는 나에게 묻고 싶은 말이다.

후회가 남진 않았다. 그 시절에만 가능했던 마음을 모두 쏟았고, 결국 뒤늦게 그때의 어른들처럼 전부 부질없는 일이라고 내팽개쳤던 시간이 지금을 단단하게 해주는 버팀목이 되었다. 물론 섣부른 판단일지도 모르겠지만, 지금은 그 덕분에 느낄 수 있는 것과, 나눌 수 있는 것과, 그리워할 수 있는 것이 많아서 참 다행이라 믿는다. 그 시절은 앞으로의 나를 또 어떤 세상으로 데려다 줄까. (2012)

감성의 조각들

영화 〈Her〉

주인공 테오도르는 다른 사람들의 편지를 대신 써주는 대필 작가이다.

타인의 감정을 '대신' 전해주는 일을 하는 그의 직업을 바라보며 낯선 미래의 일상에 놀랍기도 했고, 한편으로는 편지 쓰기처럼 감정을 온전히 글로 풀어내는 일이 미래에는 오직 예술가들의 전유물이 될 듯해서 씁쓸하기도 했다.

그런데 영화 속 그 모습은 더는 미래가 아닌 지금의 현실을 고스란히 반영하고 있었다. 한때는 누구나 풀어낼 수 있던 말과 글들이 이제는 아쉽게도 테오도르처럼 특정한 소수의 사람들에게만 허락된 고유한 재능이 된 걸까.

그건 가까운 서점에만 들러봐도 눈치챌 수 있다. 언젠가 우리가 마음이 힘든 친구에게 줄곧 해주던 짤막한 말들의 묶음이 책의 형태로 줄기차게 판매되고 있으니까.

물론 그 또한 누군가의 감정과 마음을 대신 풀어내고 전달하는 작업물인 건 마찬가지인데 도대체 무엇이 문제란 말일까.

어쩌면 그 짤막한 글들의 묶음은 'Writing'이 아닌 'Texting'에 가까울지도 모른다. 분명 우리가 일상의 언어와 편지로 주고받던 짤막한 메시지들인데 이제는 값을 지불해야만 읽을 수 있는 책속에 담겨있다.

흔한 말을 기대하며 책을 읽는 사람은 많지 않을 것이다. 그렇다면 이미 우리는 간략한 메시지 속에 담긴 마음조차 표현하기 버거워진 걸까. 그래서 누군가 내 마음을 대신 표현해 준 듯한 느낌에 감탄하며 읽는 게 아닐까.

시대를 역행하고 싶진 않지만 우리의 감성이 이대로 괜찮을지 부질없는 걱정이 된다. 상대에게 자신의 구체적인 마음을 전달해야 할 때마다 주변의 테오로드에게 금액을 지불하고 부탁한다는 건 상상만으로도 끔찍하다.

어쩌면 영화는 테오도르를 통해 우리가 잃어가는 감성의 조각들을 표현하고 싶었는지도 모르겠다. (2014)

---

* 영화 『Her』 감독 스파이크 존즈(Spike Jonze) 2014

언제까지나 나를 잃지 마

 언제까지나 나를 잃고 싶지 않다. 삶이 말과 글에 일치하는 사람이고 싶다. 아직 인생의 쓴맛을 겪지 못한 철없는 소망일 뿐일 수도 있지만, 내게는 가장 중요한 신념이고, 끈질기게 지켜내고 있는 자부심이기도 하다. 그것이 젊은 날의 치기가 되었든, 삶의 무지에서 비롯된 하찮은 믿음이 되었든, 지금은 최선의 생각과 태도이니 후회는 없다.

 물론 그러한 마음이 자존감을 넘어서 자만으로 변질될까 두렵긴 하다. 한결같은 마음을 지켜내는 일이 얼마나 고되고 때로는 미련해 보인다는 것 또한 알고 있으니까. 소중한 가치도 권력과 생존의 문제에 맞닥뜨리면 무력하게 허물어지는 모습을 빈번하게 목격하면서 역시나 말과 행동의 일치는 이상에 불과하다는 회의감에 젖는다.
 하지만 나는 아직 그 처절한 상황에 완전히 함몰된 적 없는 청춘에 불과하기에, 지금은 그 미련한 믿음과 이상을 버리지는 못하겠다. 일찍 버리면 버릴수록 처절한 상황에 대한 대처가 수월할 것은 분명하겠지만, 그것을 위해서 미리 나의 소망과 믿음을 내팽개친다는 것은 나 자신에게 용납할 수 없는 행위이다.

언제까지나 이런 나 자신이고 싶다. 관계에 얽매이는 것은 무엇보다 싫지만, 결국 관계에 미련을 품고 다시 사람을 믿는 내가 되고 싶고, 외로워도 외롭지 않다고 무작정 우기며 고독을 추구하는 내가 되고 싶고, 단순하고 미련하게 좌절해도 금세 일어나서 웃을 수 있는 내가 되고 싶다. 많은 걸 잃어도 내 삶의 확고한 기준만큼은 인생의 마지막 순간까지 지켜내고 싶다.

수많은 상황이 나를 휩쓸고 지나가겠지만, 어쩐지 그런 상황과 서둘러 대면하고 싶은 마음이 든다는 건 역시 내가 철부지인 탓이겠지. 인간과 관계는 얼마나 다채로울까. 삶은 가까이 바라보면 비극이지만 멀리서 바라보면 희극이라는 말은 진실일까. 직접 확인하기 위해서는 설렘과 불안을 끌어안고 계속해서 살아보는 수밖에 없겠다. (2013)

바람이 지나가고

살면서 문득 추억에 사무치는 순간이 찾아온다. 그 순간은 계절처럼 일정한 주기를 두고 반드시 찾아오는데 이것은 잠시 불어오는 바람이다. 그때의 우리는 이미 지나간, 이제는 결코 돌아갈 수 없는 과거의 한 곳을 향해 되돌아가고 싶은 충동에 휩싸인다.

그렇게 이미 끝난 혹은 멀어진 관계들과 섣불리 만남을 약속하거나 심지어는 추억을 연료로 다시 관계를 시작하기도 하지만, 대부분 불어온 바람처럼 그 시기가 지나면 아쉬움과 후회만 남긴 채 떠나가기 마련이다.

역시나 바람이 지나간 텅 빈 자리를 감당하는 건
언제나 섣불리 추억에 발길을 돌린 우리의 몫이다.

추억이라는 바람이 불어온다. 가만히 눈을 감고 우리 곁을 잠시 스쳐 가는 바람의 질감과 온도를 느껴본다. 그리고는 미련없이 그대로 흘려보낸다. 지나간 바람의 뒷모습을 아득하게 바라보며 마음을 다잡는다.

일상의 테러

피로가 반복해서 누적되면 일상의 많은 부분이 거추장스럽게 느껴진다. 운동과 섭생을 비롯해 다양한 취미에 이르기까지 피로 앞에서는 무심히 방치된다. 물론 불굴의 의지로 어떻게든 일상의 균형을 지켜내는 사람들이 있을지라도 피로에 아무런 영향을 받지 않을 수는 없다.

누적된 피로 앞에서 보통은 건강악화 정도로 그칠 수 있겠지만, 정작 심각한 문제는 다른 변화로부터 찾아온다. 상대의 마음마저 거추장스러워지는 단계에 이르면 상황은 극단으로 치닫는다. 평소에도 자신이 다른 사람들로부터 받고 있는 배려와 존중이 얼마나 값진 선물인지 깨닫고 사는 사람들이 과연 얼마나 될까. 그들의 수고로움을 당연하고 번거롭게 여기는 순간부터 마음에는 균열이 발생한다.

게다가 우리가 피로에 잠식되었을 때는 그 균열이 크게 벌어져 마음을 지탱하던 골조를 무너뜨린다. 골조가 무너진 마음은 더는 우리가 통제할 수 있는 영역이 아니다. 인간으로서 최소한의 예의를 지켜야 하는 수많은 관계 앞에서도 무너진 마음은 고삐가 풀린 사나운 맹견처럼 제멋대로 날뛰기 시작한다. 슬프게도 가장 먼저 사냥감이 되는 건 늘 무방비로 마음을 내어주던 우리가 사랑하는 사람들이다.

보통 일상의 피로 관리는 온전히 자신의 건강만을 위한 조언으로 여겨진다. 하지만 그건 결국 자신뿐만 아니라 우리와 가장 가까운 곳에 머무는 소중한 사람들을 지켜내기 위한 단단한 약속이 아닐까. 그러니 우리에게는 야속하고 피로한 일상에 무너지지 않을 책임이 있다.
(2017)

우리가 놓아버린 것들

 지금까지 너무 많은 관계를 놓아버렸다. 붙임성 없는 내게 먼저 다가와 준 관계들도, 의외로 내가 먼저 다가갔던 관계들도, 그리고 긴 시간 마음을 나눴던 관계들까지. 나는 툭하면 관계의 끈을 무책임하게 놓아버렸다. 그때마다 내가 왜 이런 사람인지 분석하고 싶어서 끝도 없이 내면으로 침잠했다. 아무것도 보이지 않는 밤바다에 빠져 허우적거리며 손에 잡히는 무엇에라도 의지하고 싶은 간절한 심정으로.

 하지만 가까스로 내 손에 잡힌 건 관계의 소멸에 대한 상실감뿐이었다. 아무래도 나는 관계를 유지하는 방법에 대해 전혀 갈피를 잡지 못했던 것 같다. 이를테면 어느 정도의 관계라면, 어느 정도의 마음을 나눈다면, 비로소 우리가 서로를 친구라고 부를 수 있는지, 게다가 친구가 되었다 한들 어떻게 해야 앞으로도 친구 관계를 유지할 수 있는지에 대해서.

나는 관계에 있어서 표현을 무척 중요하게 여겼다. 친구 관계를 비롯해 연인과 지인 사이에서도. 그런데 마땅한 표현의 방법을 찾지 못하거나, 적절한 때를 놓쳐버리거나, 표현의 빈도가 점차 줄어드는 순간을 견뎌내지 못했다. 한마디로 관계와 표현의 적당선을 찾는 것에 완벽하게 실패하고 말았다.

돌아보면 참 어리석은 생각이었지만 과거의 나는 지금보다 극단적이었기 때문에 적당선을 찾지 못한 관계는 스스로 마음을 접고 끈을 놓아버렸다. 그리고는 회의에 빠져 말도 안 되는 이상한 합리화를 시작했다. 관계는 전부 결국에는 부질없는 것이고, 이것은 내가 찾아낸 삶의 방법일 뿐이라고. 그렇게 많은 관계가 내 옆을 스쳐 지나갔다.

세월이 흘러도 내가 놓아버린 관계들과는 대부분 연락이 닿질 않았다. 버튼만 누르면 당장에라도 연락이 가능했지만 언제나 하나의 가능성으로만 남겨졌다.

이따금 타인을 통해 안부를 전해 들을 수는 있었다. 누군가는 어디에 취직을 했고. 누군가는 어떤 사람과 결혼을 했고, 그리고 또 누군가는 완전히 한국을 떠나 이민을 갔다는 소식들.

한때는 친밀했던 그들이 지금은 타인을 통한 안부로만 살아있었다. 그 탓인지 그들의 소식이 매일 아침 일기 예보를 듣는 것처럼 무미건조할 뿐이었다. 물론 때로는 지난날의 기억에 젖어드는 일도 있었지만, 연락을 해보고 싶다거나 하는 마음은 전혀 들지 않았다.

오랜만의 연락에 딱히 할 말이 없는 것. 아마도 이것이야말로 내가 관계를 오래 유지하기 힘든 가장 큰 문제가 아니었을까. 한결같음에 대한 강박이랄까. 그것은 내가 한 시절 내내 앓았던 질병이었다.

지금은 모든 관계에는 감정의 폭이 있다고 믿는다. 감정의 상승기가 있다면 하락기도 있고, 대부분은 별다른 변화가 없는 안정기에 머물고 있다는 것.
하지만 안정기라고 해서 감정이 끝난 게 아닌데. 말없이 곁을 지켜준다고 해서 그것이 표현하지 않는 것은 아닌데. 예전에는 그 지점을 관계의 끝이라고 착각했다.

게다가 내가 먼저 끈을 놓으면 상대방도 당연히 끈을 놓을 것이라는 단순한 생각으로 일관했다. 대부분 한쪽이 놓아버린 끈은 바닥에 떨어져 끌려가곤 했는데, 그럼에도 다른 한쪽만 그 끈을 계속 쥐고 있다는 건 영화 속 이야기처럼 비현실적인 일이라고 믿었다.

그런데 요즘은 그 영화 같은 이야기들이 실제로 내게 일어나고 있다. 이미 오래전에 일말의 가능성조차 남겨두지 않고 놓아버린 관계들로부터 과분한 마음을 받고 있다. 우리 사이에 아무런 공백이 없었던 것처럼, 마치 어제 만났던 사람처럼 마음을 건네는 모습에서 나는 한순간 무력해졌다.

무책임하게 관계를 내팽개친 나를 오랜 공백이 무색할 만큼 온화한 마음으로 응원하고 있었다는 건 대단한 용기일 것이다. 그 마음은 어쩌면 내 삶의 커다란 전환점이 될 것 같다. 관계의 회의주의자가 오래전에 잃어버렸던 희망을 되찾은 것과도 마찬가지니까.

내가 그 마음을 받을 자격이 있는지는 잘 모르겠지만, 이제는 가만히 받고만 있진 않을 생각이다. 지금도 여전히 어리석고, 관계로 인해 고통받는 삶일지라도 그들 덕분에 예전에 비해서는 내가 그토록 찾아 헤매던 적당선에 조금은 가까워진 느낌이다.

내가 놓아버린 관계들이 지금까지 계속해서 보이지 않는 끈으로 연결되어 있던 걸까. 한 번의 인연이 시작된다면, 한쪽이라도 끈을 완전히 놓지 않는다면, 관계는 그 사이의 공백과는 상관없이 돌이킬 가능성이 존재한다.

우리 사이에 남겨진 사소한 메시지나 사진과 편지가 있다면, 그것들이 우리를 다시 연결해 주는 매개체가 될 수 있다.

이제는 관계를 정의하지 않는다. 관계에 지나친 미련과 희망도 품지 않는다. 다만 완전한 시작도 완전한 끝도 없는 게 관계의 비밀이라고 믿는다. 어쩌면 우리가 그때 놓아버린 관계의 한쪽 끈을 누군가는 여전히 부여잡고 있을지도 모르는 일이다. (2015)

불투명

나는 이런 성격의 사람이고, 저런 사람을 좋아하며, 그런 사람과 잘 맞는다고 믿었던 시절이 있었다. 나는 확고했고 번복하지 않았다. 나는 타협의 의지가 없었고 상대방을 내 기준에 맞추려 했다. 그러다 다툼이 잦아지면 쉽게 관계를 포기하기 일쑤였다. 우리의 인연과 다름을 내세운 변명은 할수록 늘어났다.

하지만 지금의 나는 내가 어떤 성격의 사람이고, 어떤 사람을 좋아하며, 또 어떤 사람과 잘 맞는지 갈피를 잃은 채 혼란에 빠졌다. 타협과 배려가 없던 나의 고집과 태도는 사람들을 떠나가게 했고, 확고하다고 믿었던 나의 기준과 취향은 결코 이뤄질 수 없는 희망사항과, 나만의 이기적인 착각에 불과했다.

성격과 취향은 정해져 있지 않고 만나는 사람의 영향을 받아 조금씩 변했다. 취향과 기준에 대한 확신을 내려놓자 오히려 숨통이 트이는 듯했다.

그동안 나는 바꿀 수 없는 것을 바꾸려고 사람들에게 상처를 줬구나. 내가 망가뜨린 만남을 숙연하게 돌아본다. 돌아보면 변명만 많았던 게 아니라 실은 인연도 많았을 것이다. (2015)

경계의 삶

시애틀은 지금 비가 내린다.

이곳의 사람들은 이제 슬슬 기지개를 켜며 하루를 시작하고 있지만, 한국에서는 아마도 이부자리를 펴며 하루를 정리할 시간일 것이다. 시차는 아무리 겪어도 늘 낯설다.

똑같이 삶을 살아가는데 위치가 다르다는 이유로 다른 세상이 되고, 다른 시간이 된다니. 과학적으로 설명하면 아주 간단하겠지만, 그렇게 된다면 어떤 부류의 사람들에게는 조금은 재미없는 세상이 될 게 분명하다.

날마다 시차를 감당하며 살아간다는 건 무척 매력적이지만, 이것은 분명 어떤 경계를 만들어낸다. 그쪽과 이쪽의 경계라든지, 낮과 밤의 경계라든지, 혹은 당신과 나의 경계라든지 하는 것들. 경계에서 망설이다 끝나버린 수많은 밤이 있었고, 감정이 극단으로 치달아 경계를 헤매던 날들도 많았다.

특별한 일이 없다면 나는 앞으로도 이렇게 살아갈 확률이 높다. 견디며 살아갈 수도 있고, 길들이며 자유롭게 살아갈 수도 있겠지. 물론 나는 경계의 삶이 직업적 특성이기 때문에 순응할 수밖에 없겠지만, 미래의 당신까지 나의 생활 방식을 감당해야 한다는 건 조금은 슬픈 일이다. (2015)

우리 동네 대여점

동네에 하나 남았던 비디오 대여점이 오늘로 화려한 전성기를 뒤로하고 오래된 거리의 별이 되었다. 늘 헌책 냄새가 풍기던 편안한 장소였고, 연체료도 받지 않던 넉넉한 인심의 주인아저씨가 있던 곳인데, 언제부턴가 늘 제자리를 지키는 비디오들에 쌓이는 먼지만큼이나 아저씨의 얼굴에도 까맣게 그늘이 드리워졌었다.

그곳에서는 돈 없는 학생들도 꿈을 대여하며 쉬어갈 수 있었고, 점점 도시화 되어가는 그 골목에서 유일하게 옛 향수에 젖을 수 있었다. 그런데 입구에 '폐업'이라고 크게 쓴 종이가 붙어있는 모습을 지켜보는 일이란 생각보다 무척 허탈하고 씁쓸했다. 사람들도 언젠가는 그리워서 다시 찾을지도 모르는데.

그렇게 오래된 가게와 주인아저씨의 푸근한 인심이 우리 동네에서 사라졌다. 시대의 변화를 따라가지 못한다고 우리 곁의 정든 가게들이 이렇게 하나둘 사라져 간다는 게 너무도 아쉽다. 그런데 결국 이대로라면 머지않아 아날로그를 조금이나마 품고 있는 것들이 더 소중해질 텐데 모두 당장의 편리함만 바라보는 건 아닐까.

폐업 처리된 대여점 앞을 지나가는 젊은 대학생 손에 쥐어진 아이패드에서 어쩐지 비웃음 소리가 들리는 것 같았다. (2012)

익숙함과 소홀함

정작 소중한 사람에게는 소홀한 법일까. 나를 나로서 존재하게 하는 사람에게 무심코 던진 한마디는 그 어떤 비수보다 날카로운 무기가 되어 그 사람의 심장에 꽂힌다. 신뢰했던 만큼 가장 깊은 곳을 무방비로 찔린 상처는 어떻게 치유해야 할까.

상처를 준 사람은 미안하다는 통속적인 말부터 꺼내지만, 정작 상처를 받은 사람에게 그런 흔한 말들은 작은 위로조차 되지 않는다. 이럴 때는 내가 꺼낸 사과의 말이 가슴속 진심이라는 걸 어떻게든 증명하고 싶다. 익숙해서 편안하고 좋은 말들도 많지만, 동시에 익숙하기 때문에 진심이 느껴지지 않는 말도 많다는 걸 깨닫는다.

어떤 말들은 믿음의 유무에 따라 진실이 되거나 거짓이 된다. 다만 거짓이 진실처럼 믿음이란 단어로 포장되기도 하고, 진실이 거짓처럼 의심이란 단어로 단정되기도 한다. 상대방이 나의 진심을 알아주길 바라기 전에, 그리고 진심을 몰라주는 상대방에게 불평하기 전에 나 먼저 진실한 사람이 되고 싶다.

상대방이 정말로 자신에게 소중한 사람이라면 설령 그 사람이 이미 내게 익숙한 존재라도 언제나 신중한 태도를 보이고 싶다. 말 한마디에 용기와 설렘이 뒤따르던 우리의 지난 시절처럼 다시 그 사람을 위해 언어와 태도를 정돈해야겠다. 혹시나 내 생각과 마음이 전혀 다른 모습으로 전달되지 않도록.

익숙함은 결코 상처받지 않는 단단함이 아니다. 익숙함은 마음의 방어막도 아니고, 음소거된 귀도 아니다. 웃고 있는 익숙함 뒤에는 늘 축축한 웅덩이가 있지만, 그 사람 또한 익숙함으로 소홀함을 안아줄 뿐이다. 익숙함은 관계의 권태를 상징하기도 하지만, 서로의 존중과 배려가 지속된다면 오히려 관계가 완숙으로 향하고 있음을 증명해주는 상징이 된다. (2016)

앵무새

 삶이 유독 내게만 고된 시련과 질문을 던지는 것처럼 느껴질 때가 있다. 인생의 어떤 시기마다 내게 찾아오는 무거운 고민, 만남과 이별의 허무한 반복, 생계를 위해 꿈을 포기해야 하는 쓸쓸한 현실 같은 것들.

 모든 게 마음처럼 쉽진 않고, 유난히 나만 늘 선택의 기로 앞에 서는 듯하다. 오직 나의 행복만을 생각하며 살고 싶은데, 현실은 도무지 나를 도와주지 않는다. 수많은 책이 자신이 품고 있는 내용이 나의 삶을 구원해줄 탁월한 정답이라며 몸부림치고 있지만, 어쩐지 나의 고민을 해결해줄 특별한 책은 아직 세상에 출간되지 않은 것 같고.
 그러나 조금만 시야를 넓혀보면 사람들은 결국 비슷한 고민을 안고 살아간다는 걸 알게 된다. 수많은 책이 결국 비슷한 고민을 각기 다른 방식으로 풀어내려는 노력임을 알게 된다. 사람들은 비슷한 말을 조금 바꿔서 반복할 수 있을 뿐이다.

우리는 비슷한 고민을 떠안고, 비슷한 곳을 헤매며, 비슷한 소리로 울고 웃는다. 그러면서도 서로 다른 상황과 서로 다른 사람이라는 두 개의 변수만 넣어도 우리의 일상이 시시각각 변하는 걸 보면 삶이란 들여다볼수록 시시함과는 거리가 먼 듯하다.

혼자만의 고민이 아닌 모두가 함께 풀어가는 비슷하고도 다른 인생이라는 점이 잔잔한 위안으로 다가온다. 어쩌면 인생의 대부분 고민들은 우리가 앵무새처럼 반복하는 진부한 말들 속에 모든 해결의 실마리가 숨겨져 있을지도 모른다고, 그렇게 믿어본다. (2014)

당신의 변수

　자신만의 기준이 명확한 사람들은 본인만의 완벽을 추구하며 살아간다. 누구에게나 자기만의 기준이 있겠지만 그 기준이 하나씩 더해질수록 삶의 제약 또한 늘어난다. 그래서 그들은 스스로 검열하고, 통제하며, 그리고 나름의 반성을 한다. 그들은 자기관리에 탁월해서(실은 자신을 옥죄이는 것인데) 언뜻 보기에 인생을 성실히 살아가고, 사회적인 성공을 거둘 확률이 상대적으로 높다.

　그들은 아무도 자신을 채찍질하지 않아도 자신만의 기준 자체가 채찍보다 무서운 원동력이 된다. 그래서 자신이 정한 기준 밑으로 성과가 떨어진다는 느낌을 받으면 어떤 타협도 없이 매섭게 자신을 내리친다. 게다가 기준이 엄격할수록 자신을 옥죄이는 빈도가 늘어나서 가끔은 스스로도 감당하지 못한 채 쓰러질 때도 있지만, 그들은 슬럼프에 빠져도 누구보다 빠른 속도로 그곳에서 빠져나온다. 바닥에 널브러져 있는 자신의 추한 모습을 견딜 수 없어서 어떻게든 발작적으로 다시 일어서는 것이다. 어떻게 봐도 피곤한 삶이지만 그런 삶을 멈출 방법은 없고, 과연 누가 성실한 삶이 잘못 됐다고 비난할 수 있을까.

그런데 그들 중 일부는 자신만의 기준을 본인의 완벽을 추구하는 것에 그치지 않는다. 자신이 완벽을 추구하는 것만큼 옆에 있는 당신에게도 엄격한 기준을 적용한다. 그렇게 정신적 폭력이 시작된다. 우리가 사랑을 시작했을 때는 이성이 마비되어 서로의 기준이 근사해 보일 수 있다. 확고한 기준을 갖고 사는 사람은 언뜻 매력적이니까. 무엇이든 극단으로 치닫지만 않는다면 문제 될 것이 전혀 없을 것 같다.

하지만 언젠가 당신의 단점이 보이기 시작할 때부터 비극은 시작된다. 나의 기준을 당신에게 강요하는 순간부터 모든 게 틀어진다. 완벽한 사람 같아서 사랑하게 되었는데 그 완벽함을 내게도 강요할 줄이야.

게다가 그들의 본모습은 술을 마셨을 때 두드러진다. 평소에 옥죄여뒀던 속마음을 비로소 드러내는 것인데 그때야말로 그 사람의 됨됨이를 깨닫게 된다. 우리는 이미 많은 가정폭력의 내막을 알고 있다. 상대방을 강제로 자신만의 기준에 끼워 맞추려는 것 자체가 폭력이라는 걸 알면서도 모른 척하는 걸까.

완벽을 추구하던 모든 노력이 정말 자신을 위한 노력이었는지 아니면 노력으로 인한 성과에 걸맞은 무언가를 보상받고 싶은 마음은 아니었는지 스스로 숙고해 봐야 할 문제이다.

사람과 사람이 만나 특별한 관계가 되는 일에 지독히도 실패하면서도 반복할 수밖에 없는 이유는 변수의 가능성 때문이 아닐까. 똑같은 자극에도 사람마다 전혀 다른 반응을 하고, 자신조차 전혀 다른 사람이 되어버리니까.

어쩌면 우리는 자신에게 꼭 맞는 변수를 가진 누군가를 끊임없이 기다리는 것인지도 모른다. 지금의 만남이 가진 이 작은 확률이, 자신의 한 시절을 온전히 걸어 볼 만한 인연으로 이어지길 간절히 바라면서. (2015)

재능이라는 것

자신이 남들보다 우월하다고 믿는 건 어쩌면 인간이라면 지극히 당연한 심리가 아닐까.

신이 공평함을 추구했다면 인간은 누구나 남들보다 최소한 한 가지씩은 나은 부분을 갖기 마련일 테고, 운 좋게 그것을 발견한 사람은 축복을 받은 셈이다.

특정 분야에 재능이 있는 사람은 그렇지 않은 사람들보다 최소한의 노력으로 최대한의 효과를 발휘한다. 그리하여 다른 이들의 질투와 시샘을 독차지하기도 하지만, 그 정도는 재능을 가진 자의 자부심을 가로막기에는 역부족이라 단지 담담할 따름이다.

재능의 발견은 그 시기에 따라 만족의 정도는 다르겠지만, 우월감이 자만심이 되어 재능을 무색하게 만드는 경우도 많다. 탁월한 재능의 아우라로 조금은 이해받을 수 있더라도, 자만이 정도가 지나치면 질투를 넘어서 미움과 원망을 살 가능성이 높아진다.

반면에 재능이 부족한 사람은 궤도에 올라선 사람들을 바라보며 자격지심을 갖고 좌절할 수도 있겠지만, 분노를 삭이고 고독을 씹으며 묵묵히 길을 걷기도 한다. 주변의 관심을 받지 못한 채 끝없이 혼자만의 싸움을 하는 사람들.

분명 아무리 노력해도 불가능한 영역이 존재한다는 건 알고 있어도, 그럼에도 자신의 열정과 노력을 끝까지 믿어보기로 한다. 그렇게 결국 자만이 아닌 자숙으로 묵묵히 내공을 쌓고, 끝끝내 스스로 재능을 만들어 성과를 내는 사람들이 있다.

만일 언젠가 그들이 많은 사람의 칭찬과 부러움을 한몸에 받더라도 질투가 아닌 인정과 존중을 담은 응원의 마음부터 드는 건 그 고단한 인내와 노력의 시간을 헤아려볼 때 지극히 자연스러운 일이다.

타고난 재능은 축복이자 저주가 아닐까. 칭찬이 독이 되어 재능의 생명력을 끊기도 하니까. 쏟아지는 찬사에 줄곧 겸손한 태도만 지키는 건 쉬운 일이 아닐 텐데 때마다 흔들리지 않고 더욱 노력하는 사람만이 재능을 다스릴 수 있는지도 모른다.

어쩌면 신이 인간을 창조할 때 재능을 무차별적으로 던져주고, 그 사람의 그릇이 주어진 재능을 감당할 수 있을 때만 꽃을 피우게끔 설정한 건 아닐까. 그리고 재능을 아직 발견하지 못한 사람들은 그럼에도 충분히 살아남을 단단한 그릇이 주어졌기 때문일지도. (2015)

산타클로스는 어디로 갔을까

어릴 적 이야기를 조금 해볼까. 시력이 좋질 않아서 유치원 때부터 안경을 썼어. 그래서 당연히 별명은 안경 제비였고, 다른 애들의 놀림과 안경을 벗기려는 장난에 익숙했지. 하지만 그건 그 시절 누구라도 그랬듯 천진난만한 장난일 뿐 악의를 담은 행동은 아니었어. 얼굴만 한 검은색 뿔테를 낀 모습이란 지금의 내가 봐도 웃음이 절로 나오니까.

유치원 때 사진을 보면 역시나 나 혼자만 안경을 끼고 있었고, 내 안경을 벗기려는 애들의 손짓까지 찍혀있더라. 사진 찍힐 때조차 그랬다면 평소에는 얼마나 더 심했겠어. 누구를 닮아서 그렇게 시력이 안 좋았는지 원망하기에는 너무 터무니없이 가까운 사이라서 의미가 없었지. 엄마도 어릴 적부터 시력이 안 좋아서 일찍부터 안경을 끼고 살았거든.

하루는 부모님과 교외로 드라이브를 갔어. 눈이 펑펑 내린 탓인지 때마침 안경을 벗고 있던 탓인지는 모르겠지만, 시야가 희뿌연 안개가 낀 것처럼 흐렸어. 그래도 아빠는 운전의 베테랑이라 엄마랑 나를 번갈아 바라보면서도 안전하게 운전을 잘했던 것 같아. 그 시절 어린애가 차 안에서 할 일이 뭐가 있었겠어. 요즘처럼 스마트폰이 있었던 것도 아니라서 혼자 노래를 흥얼대거나 배고프다고 칭얼대는 것도 아니면 역시나 넓은 뒷좌석을 독차지하고 잠을 자는 거였지. 그때는 발을 아무리 뻗어도 반대쪽 문에 닿지 않을 만큼 키가 작았던 시절이라 불편함도 모르고 잘만 잤지.

그런데 그날은 내가 좀 피곤했나 봐. 보통은 자다가 깨서 고속도로 휴게소에 가자고 졸랐을 텐데 그날은 뒷좌석에서 눈을 떠보니 창밖은 캄캄한 밤이었고 차는 어딘가에 멈춘 상태였어. 몽롱한 정신으로 다시 안경을 낀 채 창밖을 자세히 바라보니 사람들이 엄청나게 많았고 저 멀리 반짝이는 크리스마스 트리가 보였어. 다들 짝을 지어서 행복해 죽겠다는 표정으로 그 추운 거리를 걷고 있었지.

그날은 크리스마스이브였어. 거리에는 계속해서 캐롤이 울려 퍼졌지. 아무튼 나는 그런 건 모르겠고, 얼른 집에 가서 성탄 특선 단골 영화인 '나 홀로 집에'를 보고 싶은 생각밖에 없었어. 아침에 직접 신문을 뒤적이며 찾아놓은 프로였거든. 그걸 보고 일찍 잠자리에 들어야 산타 할아버지한테 선물을 받을 수 있잖아. 그래서 얼른 집에 가고 싶어서 애가 탔던 거지.

그런데 아빠와 엄마는 집에 갈 생각은커녕, 그저 차 안에서 무슨 이야기를 나누고 있었어. 아마도 내가 아직도 뒷자리에서 세상 모르게 자고 있는 줄로 알았나 봐. 밖에서 들려오는 캐럴 소리 때문에 자세히 들리지는 않았는데, 나름대로 유치원생의 초인적인 집중력을 발휘해서 대화에 귀를 기울였어. 그렇게 가만히 대화를 엿듣고 있었는데, 그 내용은 가히 충격적이었어.

아빠가 하는 말이 내가 진짜로 산타가 있는 줄 안다는 거야. 그 말을 들은 엄마도 웃으면서 내일 아침이면 정말 산타가 선물을 줬는지 알겠다고, 자기 아빠가 준 건지도 모르고 좋아하겠다고 맞장구를 쳤어. 그 순간 나는 하늘이 무너지는 것 같았지. 어쩐지 며칠 전에 아빠가 나한테 산타할아버지한테 무슨 선물을 받고 싶은지 물어보더라고. 그래서 나는 그때 유행하던 장난감 로봇이 갖고 싶다고 했거든.

어린 마음에 나는 무척이나 큰 상처를 받았어. 항상 머릿속에 그렸던 푸근한 인상의 산타 할아버지와 루돌

프는 현실에 존재하지 않는 인물들이고, 그저 어른들이 우리를 놀려먹으려고 만든 거짓말이었잖아. 게다가 그동안 그 역할을 아빠가 대신하면서 나를 감쪽같이 속여왔단 말이잖아. 산타할아버지한테 속고, 아빠랑 엄마한테도 속고, 결국 온 세상에 속고, 그렇게 슬프고 허탈할 수 없었어.

그날 밤 집에 돌아온 나는 성탄 특선 영화도 대충 보고 일찍 잠자리에 들었어. 그런데 충격이 너무 컸는지 이상하게 잠도 안 오는 거야. 그렇게 몇 시간이 지났을까. 내 방문이 빼꼼하게 열리더니 커다란 형체가 들어오더라. 아까 그 일만 없었다면 나는 산타할아버지를 만났다는 기쁨에 당장 안경을 쓰고 할아버지 품으로 달려갔을 텐데.

하지만 더는 그 형체가 궁금하지 않아서 그냥 자는 척을 했지. 그는 뭔가를 부스럭거리며 내 머리맡에 살며시 놓고는 다시 문밖으로 나갔어. 나는 곧장 일어나서 서럽게 아빠를 부르려고 했지만, 그건 어른들에게도 있을 그들만의 순수를 깨뜨리는 것 같아서 그냥 참았어. 아침에 일어나서 포장을 뜯어보니 역시나 내가 원했던 5단 변신 로봇이 모습을 드러내더라.

그때가 바로 내가 간직했던 첫 번째 산타클로스가 사라진 날이었어. 그때만 해도 그 순간이 내 삶에서 가장 허탈한 순간이 될 거라고 생각했거든. 근데 아무래도 그건 앞으로 내가 살아갈 사회가 얼마나 험난한지 보여주는 예고편 같은 거였나 봐. 내 기억으로는 아마 백 명쯤의 산타클로스를 마음에 품고 살았던 것 같은데. 지금은 과연 몇 명이나 남아있는지 세 보기가 두려울 정도야.

그 많던 산타클로스는 다 어디로 사라진 걸까. 나는 살면서 행여나 그들을 잃어버릴까 봐 언제나 정신을 똑바로 차리고 있었는데. 혹시 내가 잠든 사이에 누군가 내 산타클로스를 납치하거나 몰래 두들겨 패서 가출하게 만든 건 아닐까. 아무렴 이제 그만하면 충분하니 다시 내게 돌아와도 좋겠는데 말이야. (2010)

글쓰기의 이면

고등학생 시절이었던가. 가끔 내가 쓴 글들을 본 사람들은 왠지 모르게 나를 걱정했다.

무슨 일이 있는지는 모르겠지만 다 잘 될 테니 힘내라고. 글의 내용이 너무 우울하고 심각하게 느껴졌던 걸까. 하지만 정작 아무런 걱정도 없이 집에서 햄스터를 데리고 놀며 해맑기만 했던 나는 그 말에 어떻게 반응할지 몰라서 어색한 미소를 지으며 고맙다는 말만 반복했다.

글이 우울하고 심각했던 이유는 무엇이었을까. 아마도 내가 행복한 순간에는 아무것도 기록하지 않고 오직 그 순간 자체를 만끽하는 아이였기 때문이겠지. 하지만 삶의 매 순간 깊은 질문을 마주할 때면 그것은 기록하지 않고서는 버텨낼 수가 없었다. 원래도 지나치게 예민하던 아이가 글을 쓸 때는 예민함이 보다 증폭되어서 주변 사람들로서는 충분히 걱정할 만한 일기를 남겼을 테고.

하지만 실제의 나는 그때도 지금도 무탈하게 살아간다. 물론 만족보다는 불만을 일삼고, 늘 내면에 화가 쌓인 상태이지만, 그럼에도 나는 보통의 사람들처럼 적당한 행복과 적당한 불행으로, 언제나 사람들 속을 부유하며 살아간다. 속마음은 글을 쓸 때만 드러내고, 그렇지 않을 때는 최대한 깊숙이 숨겨둔 채로. (2015)

자기 비하

어떤 사람들에게 자기 비하는 가장 강력하고 자극적인 동기부여가 된다. 그들은 현재 자신들이 가진 혹은 갖지 못한 특정한 부분에 지극한 혐오를 느낀다. 그래서 그 결핍을 제외한 일상의 다른 부분들뿐만 아니라 사회적/도덕적 관념 같은 것들을 모두 포기하는 한이 있더라도 그 부분을 극복하려 한다. 그렇게 결핍이 없는 자신만이 온전할 수 있다는 불안한 믿음으로.

결핍을 극복한 사람의 모습은 이전과 얼마나 다를까. 자신을 바라보는 남들의 시선과, 스스로 느끼는 자부심과, 새롭게 기대하는 사회적 위치는 얼마나 더 매력적일까. 새로운 삶의 모습에 도취했을 무렵, 그때부터 오래전 결핍의 극복을 위해 포기한 것들에 대한 대가가 돌아오기 시작한다. 자신의 선택이었기에 누군가를 원망하진 못해도 어쩐지 공허한 느낌을 받는다. 이제는 자신을 공허하게 만드는 것들을 찾아내 신세를 한탄하며 또 다른 종류의 자기 비하를 시작한다.

그렇게 끝나지 않는 동기부여가 만들어진다. 비록 동력은 불온할지라도 자신이 과거보다 조금씩 발전한다면 그 또한 오롯한 성장일까. 언젠가 분명 탈이 나겠지만 그때까지는 그 힘에 기대어 보는 것도 좋겠다. (2015)

벽을 타고 넘어오는 울음소리

 어둠이 찾아오면 가끔 옆집 여자의 울음소리가 원룸 벽을 타고 넘어온다. 나는 겁이 많은 편이라 보통 정적만이 흐르는 방 안에 그녀의 흐느낌이 들리면 오싹한 기분부터 앞선다.
 그런데 웬일인지 오늘따라 울음소리가 무섭다기보다는 서럽게 들렸다. 대화를 나눠본 적은 없지만 얇은 벽 하나를 두고 나란히 살고 있는 사람의 울음소리는 뜻밖의 연민을 불러일으켰다.

 다들 각자의 사연으로 힘들구나. 그럼에도 애써 버티면서 살지만, 어떤 날에는 한껏 눌러놓은 용수철이 한순간에 튀어 오르는 것처럼 억눌린 감정도 북받쳐 오르는 걸까. 모두가 힘든 세상이라 종이에 손가락을 베인 사소한 상처로는 함부로 아픔을 내색하지 못한다.
 물론 자신에게는 그 작은 상처가 세상에서 가장 쓰라린 고통이겠지만, 누구에게나 아픔이 있다는 건 모순적이게도 서로에게 위안이 된다.

얼굴을 마주 보며 반갑게 인사 한 번 나눠본 적 없는 서먹한 이웃이지만, 적어도 오늘 밤만큼은 그녀의 마음에 평온이 깃들길 바랐다. (2013)

행복의 학습

 행복에 익숙하지 않은 사람들은 행복이 다가왔을 때 멈칫한다. 그것은 나와는 상관없는 삶의 형태인 것처럼 흔쾌히 찾아온 행복이라는 달걀을 어설프게 품다가 급기야 깨뜨리고 만다.
 그리고는 또다시 어차피 그것은 내게 어울리는 삶이 아니었다고, 역시나 너무도 과분했다는 자괴감과 함께 결국 자신에게 익숙한 삶으로 되돌아간다. 이것이 내게 가장 어울리는 편안한 삶이라는 생각과 함께.

 그런데 달걀을 처음 본 아이가 그것을 깨뜨리지 않기란 쉬운 일이 아니다. 수십 개의 달걀을 깨뜨리며 성장한 우리는 그때와는 달리 달걀은 살며시 쥐어야 한다는 것을 학습으로 깨달았다.
 적어도 몇 번의 행복을 어설프게 깨뜨려본 우리가 이제야 선물처럼 다가온 행복을 어떻게 품어야 할지 조금은 안다고 믿는 것처럼. 행복도 학습을 통해 익숙한 감정으로 받아들일 수 있다. (2015)

항구의 밤

항구는 지극히 낭만적인 공간입니다. 비행기가 없던 시절에는 세상의 수많은 만남과 이별이 이곳에서 이루어졌겠지요. 뜻밖의 인연과 정처 없는 기다림과 수많은 감정이 항구의 곳곳에 여전히 녹아있습니다. 게다가 이 공간에 밤과 빛이 더해지면 낭만을 위한 모든 조건이 충족되는 셈이죠. 날씨가 흐려 밤하늘의 별을 볼 수는 없지만 대신 바다에 비친 달빛이 그 역할을 대신 해내고 있습니다. 크고 작은 배들이 몇 차례 항구에 드나들면 이곳의 풍경과 사람들 또한 계속해서 바뀝니다. 그렇게 항구는 멈춰있는 듯하지만 한순간도 멈춰있지 않고 유동하고 있지요.

그런데 정작 어딘가로 이동하기 위해 항구를 찾는 사람들은 이제 많지 않습니다. 대신 관광과 유람을 위해 항구를 찾아와 선박에 탑승해보는 일탈의 경험을 만끽하기도 하고, 바다가 품고 있는 원초적인 경이로움에 감탄하기도 하죠.

이 시대에는 공항이 낭만적인 만남과 이별의 공간이 되었지만 항구의 그것과는 사뭇 다릅니다. 항구는 여전히 사람과 가까운 거리를 간직하고 있거든요. 공항의 활주로와는 달리 항구의 선착장은 멀리 떠나는 갑판 위의 사람들을 오랫동안 가깝게 지켜볼 수 있습니다. 시야에서 완전히 사라질 때까지 서로를 바라보며 손을 흔드는 애틋한 감성도 남아있고요.

아무리 기술의 발전과 편리함이 좋다지만 이렇게 우리 곁에서 사람 냄새 나는 장면들이 사라지고 있다는 건 슬픈 일입니다.

아름다운 항구의 밤이 저물고 있습니다. (2015)

로또 가게

매주 토요일 저녁이 되면 거리의 사람들은 다급해진다. 막차 시간에 늦은 것처럼 발걸음은 빨라지고, 거리 곳곳을 정신없이 두리번거린다. 로또 판매 마감 시간이 삼십 분도 채 남지 않았던 것이다. 꾸준히 낙첨됐지만 오늘을 건너뛰면 왠지 다른 사람에게 당첨을 양보해야 할 듯한 기분이다.

어쩌면 지금의 한국 사회에서 로또는 유일한 탈출구이자 막차가 됐는지도 모르겠다. 미래에 대한 불안이 엄습하고, 희망조차 품을 수 없는 시대. 즉 자신의 모든 노력이 무의미하다고 여겨질 때 사람들은 운에 기댄다. 점집과 로또 가게의 줄은 길어지고, 그곳에 다녀온 사람들의 표정은 후련하고 평온하다.

기댈 곳이 운 밖에 남아있지 않다는 분위기는 비참하다. 노력과 희망이라는 단어에 허무가 깃들기 시작했고, 탈출구를 찾지 못한 사람들의 불안과 분노는 엉뚱한

곳에서 폭발하곤 한다. 시대가 변해도 상황은 오히려 극단으로 치닫는 것 같다. (2015)

만나지 않은 사람과 이별하기

 이뤄질 듯 말 듯한 초조함과 이뤄지지 않았을 때의 애틋함만 사랑하는 그 아이는 어딘지 모르게 음울한 구석이 있었다. 곁에 있으면 단칸방 한가득 덜 마른빨래가 널려있는 듯한 습기가 느껴지는 그런 아이. 무심히 길을 걷고 있을 뿐인데 낯선 행인이 다가와서 무슨 일 있느냐며 어깨를 토닥여주고 손수건을 건넬 정도의 음울함을 간직하고 있었다.

 간혹 그 아이는 음울함을 수집하는 사람 같았다. 관계가 연애로 발전하려는 시기가 찾아오면 일부러 마지막 블록을 끼워 넣지 않았고, 실수로 블록이 맞춰지면 원치 않게 레고가 완성된 아이처럼 당혹과 허탈의 마음으로 관계를 구석으로 미뤄두기 일쑤였다. 최대한 초조함과 애틋함을 만끽하고 싶었는데 얼떨결에 시작된 연애는 생각보다 달갑지 않았다.

 그렇게 그 아이의 음울함은 농도가 계속 짙어졌다. 그런데 음울함은 이상하게도 상대방에게 기피가 아닌 연민을 불러일으켜 지속적인 관심과 구애를 받았다. 하지만 언제까지나 초조함과 애틋함에 중독돼 관계의 바깥만을 맴돌며 살 수는 없겠다는 생각이 들었다. 사실 그 아이가 어릴 적부터 그토록 누군가와의 관계가 형성되는 걸 두려워했던 까닭은 언제 관계가 무너질지 모른다는 불안 탓이었다. 어쩌면 그 아이는 너무 일찍 관계의 숙명을 깨달았는지도 모르겠다.

하지만 이번엔 달랐다. 이번에는 실수가 아니라 그 아이 스스로 마지막 블록을 맞췄다. 완성된 레고를 바라보는 그 아이의 마음은 어땠을까. 다른 사람이 지나가다가 무심코 레고를 밟지 않도록 안전한 곳에 보관하고, 때마다 쌓인 먼지를 말끔히 닦아주면 오랫동안 그 완성된 모습을 보존할 수 있다는 기대감에 젖어 있을까. 혹은 여전히 예전에 중독됐던 감정을 그리워하며 애써 완성한 레고의 블록 하나를 빼내려고 할까.

그동안은 그 아이의 음울함이 사람들의 가벼운 관심과 연민을 자석처럼 끌어당겼지만, 결국 그렇게 혼란한 일상 속에서 음울함은 더욱 짙어졌지만, 이제는 그 음울함을 유년의 장벽 뒤로 던져버리고, 그동안 갇혀있던 어두운 공간의 문을 열어 스며드는 말간 햇살을 받아들이면 좋겠다.

만난 적 없는 사람과 혼자 사랑하고 이별하는 관계가 아닌, 지금 바로 앞에 있는 사람과의 완성된 블록을 오래도록 지켜내길. (2013)

상흔이 남는다는 것

한때의 꿈이 지나가면 불에 덴 것처럼 흔적이 남는다. 이를테면 가수를 꿈꾸던 사람은 가수처럼 노래를 잘하고, 화가를 꿈꾸던 사람은 화가처럼 그림을 잘 그린다. 마치 그들처럼 잘하게 되었지만 끝내 그들이 될 수 없었던 상흔이 남겨진 것이다.

그리하여 지금은 마치 꿈이 없었던 것처럼 넥타이를 매고 출근을 하는 그들에게 '당신은 마치 누구처럼 그것을 잘하네요' 같은 말을 한다면, 그들은 과거로 소환되어 알 수 없는 표정을 짓는다. 모두 다 지난 일이라고, 한때는 그랬었다고 말하지만 사실은 아직 끝나지 않은 것이 분명하다.

이렇게 쉽게 끝날 것이었다면 애초부터 꿈꾸지 않았을 것이다. 어쩌면 다시 후회와 포기를 반복하게 될지라도, 그렇게 상흔은 불가피하게 다시 동기부여가 된다.
(2015)

돌탑

 인생은 숲길 한쪽에 쌓인 작은 돌탑처럼 신비롭고도 위태롭다. 자칫 하면 모두 무너진다는 걸 알면서도 설마 하는 마음으로 다시 돌멩이를 얹는 사람들의 모습은 산책로에서 흔히 볼 수 있는 광경이다.

 하지만 그 돌탑이 무너지는 모습을 본 사람은 얼마나 될까. 정말 운 나쁜 사람의 경우에는 그 옆을 지나가기만 해도 돌탑이 우르르 무너진다. 오랜 세월 쌓인 수많은 사람의 마음이 발밑으로 힘없이 쏟아지더니 숲길 아래로 끝없이 굴러간다. 그 사람은 당황한 나머지 그 자리에 몸이 굳어버린다. 그리고는 어떻게 돌탑을 무너뜨릴 수 있냐는 산책로 사람들의 경멸적인 시선까지 감당하며 정신이 아찔해진다.

 생각해보면 그 돌탑은 아무런 일 없이도 언젠가는 분명 무너졌을 것이다. 동시에 아무런 일 없이도 언제까지나 무너지지 않은 채 위태로운 상태를 유지할 수도 있을 테고. 그 사실을 모르는 사람이 과연 얼마나 될까. 그리고 그 사실 때문에 돌탑 위에 돌을 쌓지 않는 사람 또한 얼마나 될까.

하지만 무너져 내려도 상관없다는 듯 소원을 빌며 돌탑을 쌓는 사람들의 모습은 삶의 태도를 다시 바로잡게 한다. 모처럼의 휴일 부모님과 함께 산책하고 있는 어린아이의 고사리 같은 손에 쥐어진 돌멩이에도, 별 감흥 없이 불만 가득한 사춘기 소년의 손에 쥐어진 돌멩이에도, 사랑의 환상에 도취되어 의식을 치르는 듯한 연인들의 돌멩이에도, 주름 가득한 노부부의 손에 쥐어진 돌멩이에도, 언젠가 돌탑이 무너질 수도 있다는 허무보다는 기대와 바람이라는 희망의 메시지가 담겨있다.

돌탑을 쌓는 어린아이도 언젠가는 노부부가 되어 다시 이곳을 찾아오겠지. 그때 만약 자신이 쌓은 돌탑이 여전히 그대로 있다면 그 늙은 소년은 무슨 생각을 할까. 계단을 내려가듯 삶을 서서히 내려놓는 시기에 마주한 어릴 적 자신의 흔적과 마주한 마음은 어떠할까.

어쩌면 우리는 모두 무너지기 직전의 위태로운 돌탑 앞에서 각자의 작은 돌멩이 하나씩을 쥐고 살아가는지도 모른다. 우리의 관계뿐만 아니라 삶의 모든 노력이 언젠가 한순간에 무너질지도 모른다는 불안은 생각보다 중요하지 않은 듯하다. 가장 중요한 건 돌탑 위에 떨리는 손으로 자신의 기대와 소원을 쌓아올리는 그 순간의 간절한 희망이 아닐까. (2013)

기대라는 부메랑

살면서 많은 것을 기대했다.

가진 것에 대한 만족 없이 갖지 못한 것만을 기대했다. 욕심만큼 많은 부메랑을 날려 보냈지만 대부분 돌아오지 않았다. 너무 많은 힘을 실었던 탓일까. 부메랑들은 비행을 멈추고 땅에 곤두박질치거나 완전히 시야에서 사라져 버렸다.

그렇게 예상치 못한 곳으로 날아간 부메랑들은 지금쯤 어디에 있을까. 아직도 어느 곳을 향해 날아가고 있을까. 아니면 어딘가 장애물에 걸린 채 옴짝달싹하지 못하고 있을까. 돌아오지 않는 부메랑을 기다리는 내 모습에는 서운함이 역력하다. 서운함이라는 감정은 애초부터 기대를 품은 사람의 책임이라는 말처럼 내가 너무 많은 것을 기대했던 걸까. 혹시나 내게도 특별한 행운이 찾아오진 않을지, 누군가의 특별한 사람이 되진 않을지 궁금했는데.

노력 없는 허무맹랑한 기대는 집착이 되었고, 집착은 서서히 원망이 되었다. 아무것도 양보하지 않으면서, 아무것도 먼저 건네지 않으면서 기대를 품는 마음은 옹졸할 따름이었다. 기대하는 마음의 최소한이라도 내게 다시 돌아오게 하려면 그에 걸맞은 진실한 노력은 필수였지만 나는 가만히 앉아서 바라기만 했다.

노력이 동반된 기대는 활력과 더불어 때로는 실현되기도 하지만, 노력이 결여된 기대는 원망과 실망만을 불러온다. 보다 현실적인 성과를 위해서 지나친 기대의 부메랑을 시야를 벗어나는 곳까지는 날리지 않기로 한다. 가깝게 던진 부메랑은 대부분 내게로 돌아오듯, 노력은 현실적인 범위 안에서는 나에게 합당한 성과를 안겨준다. 과도한 욕심과 요행을 바라는 마음으로 나 자신을 괴롭히고 싶지 않다. (2013)

예술가들의 삶

지친 삶 속에서 들려오는 한 줄기 선율은 우리의 피로한 육체와 정신을 어루만진다. 누군가의 인생과 영감이 담긴 책들은 우리에게 효율적으로 정보를 전달하고, 그들의 수많은 경험을 간접 체험하게 한다.

사람들에게 감동을 주고, 잠시 멈춰 서 과거를 돌아보게 하고, 존경할 만큼 환희와 감탄을 선사하는 극한의 작품을 창작하는 예술가들의 삶은 언뜻 무척 아름다워 보인다.

수많은 사람의 동경과 찬사 속에서 살아가는 그들이지만, 예술가들의 삶은 우리가 느끼는 감동과 감탄과는 달리 일상생활이 불가능할 정도로 정신적 고통의 연속인 경우도 많았다.

근원적인 고독과 그것에서 비롯된 남다른 정신으로 평범한 사람들처럼 있는 그대로 현실을 보지 못했고, 예민한 마음의 피부를 가진 그들이기에 인간관계 또한 그들의 바람처럼 수월하지는 않았다.

언제나 그들의 경쟁 상대는 불안과 나태에 휩싸이는 그들 자신이었고, 그런 상태를 알아채고 극복해야 하는 것도 바로 그들 자신이었다.

끝없는 자신과의 싸움, 작품성과 상업성 사이의 고뇌, 완벽과 성장에의 강박은 그들을 창작의 고통 속에 봉인하기에 충분했다. 자의식과 대중성을 절묘한 비율로 혼합하는 일, 이상과 현실의 간극을 온몸으로 관통하는 일 또한 누구도 대신할 수 없는 온전한 그들의 몫이었다.

하지만 그러한 고통에서 비롯된 그들의 광적인 붓터치와 현실을 초월한 몸놀림, 영감을 받아 한순간에 써 내려간 글은 역설적이게도 너무나 아름답기 때문에 오히려 그들의 존재가 더욱 추앙받는 것은 아닐까. 시대를 초월하는 훌륭한 예술 작품이 작가의 비극적인 삶과 고통에서 비롯된다면 과연 선뜻 그 길을 걷고자 하는 사람이 있을까.

모든 걸 가질 수는 없기에 그들의 삶은 비극으로 향했을까. 혹시라도 그들의 삶이 절망이 아니었다면 지금 우리가 향유하는 희대의 예술 작품들은 과연 탄생할 수 있었을까.

그들은 이미 이 세상에 없지만 그들의 이름은 여전히 세상에 남아 찬란하게 빛나고 있다. 삶을 작품과 맞바꾼 그들의 존재는 가령 립스틱 자국으로 뒤덮인 오스카 와일드의 묘비처럼 시대를 불문하고, 많은 사람 곁에서 마침내 영생을 이룰 것이다. (2015)

거짓말의 유혹

거짓말은 치명적으로 달콤하다. 그 사람은 나를 전적으로 신뢰하니 이 정도의 사소한 거짓말쯤은 괜찮겠지. 그렇게 시작된 거짓말이 습관이 되는 순간부터 관계에 균열이 발생한다. 균열이 발생한 이상 우리 사이가 얼마나 오랜 시간 견고하게 지속됐는지는 상관없이 의심으로 서로를 옥죈다. 서로가 망가질 때까지 의심은 걷잡을 수 없이 커지고, 눈과 귀를 막고 오직 그 오해의 소지에 대해서만 집착한다. 당신의 이성은 이미 통제 불능이 되었고, 판단력은 의심을 따라간다.

다행히 의심이 오해로 밝혀져도 균열로 금 갔던 관계를 다시 매끄럽게 만드는 건 불가능에 가깝다. 거짓말로 고통받는 사람들은 결국 서로가 서로의 폐허가 되었다. 신뢰를 당연하게 여겼던 경솔함의 대가는 생각보다 처참했다. 부질없는 거짓말로 상황을 쉽게 모면하며, 잠시 편리하게 살아갈 수도 있겠지만, 결국 관계를 오래도록 지켜주는 건 미련할 만큼 솔직한 태도가 아닐까.

비록 영원을 믿진 않아도 허락된 시간 동안 흔쾌히 곁을 내어준 서로를 위해서. (2015)

적당한 관계들

 한때는 각별했지만 지금은 연락을 한다거나 길을 걷다 문득 마주쳐도 아는 척하기 서먹해진 사람들이 많다. 내가 먼저 아는 척해도 괜찮을까. 그들은 이미 날 잊었거나, 잊진 않았어도 너무 불편하고 어색할 듯한데.

 지난날을 돌아보면 나는 분명 그들과 단짝처럼 많은 시간을 즐겁게 보냈음에도 불구하고. 그럼에도 길에서 그들과 마주치기 전에 멋쩍게 발걸음을 돌리는 이유는 무엇일까. 서먹함이 두려운 걸까. 초라한 자신에 대한 체념일까. 아니면 어차피 인사를 나눠도 다시 마주칠 일은 없겠다는 착각일까.

 실제로 멀리서 걸어오는 지인을 먼저 발견하고는 어색한 인사가 부담돼서 일부러 다른 길로 돌아선 적이 많다. 어설픈 인사와 대화가 두려웠을까. 아는 척을 해야 할지 망설이다 우연히 눈이 마주친 우리는 기어코 악수를 나눈다. 형식적으로 그동안의 안부를 묻고 빈말과 기약 없는 약속을 주고받는 그 찰나의 순간을 나는 좀처럼 견디지 못한다.

사회부적응자의 못난 마음일까. 사람은 더불어 사는 존재라고, 그래야 인생의 의미와 행복을 찾게 된다고 익히 들었지만, 만일 행복의 조건이 오직 그와 같다면 나는 감히 행복하지 않아도 될 것 같다.

나는 늘 적당한 관계를 싫어했다. 적당히 친한 것 말고 어릴 적 친구들처럼 제대로 친한 관계만을 갈망했다. 적당히 친하면 서로 적당히만 알게 되고, 다시 그 적당함은 크고 작은 오해를 낳았다. 그렇게 서로를 적당히 단정 짓고 적당한 거리를 유지한 채 관계를 지속했다. 결국 나는 그게 억울하고 불편해서 내 본모습을 제대로 알아줄 단짝이 필요했던 걸까.

사람을 가려서 만나고, 마음이 맞는 사람만 만나고, 그렇지 않으면 나뭇가지 쳐내듯 계속해서 쳐냈더니 주위에 남아있는 사람이 거의 없다. 앞으로도 이렇게 미숙한 태도를 고수한 채 혼자 살아갈 것인지, 아니면 그토록 싫어하던 적당한 관계를 많이 만들어서 사회적 인간이 되어볼지는 어디까지나 나의 몫이다. (2012)

계산하는 마음

　사람이 자신을 지키는 방식과 마음을 표현하는 방식은 생김새만큼 다양하다. 여린 내면을 들키지 않으려 애써 강한 척하기도 하고, 관계를 맺고 싶어도 서툰 표현 탓에 오해를 사기도 한다. 때로는 부끄러움을 모르는 몰상식한 사람들과, 자기 기준만 내세우는 이기적인 사람들도 많다.

　사람들은 좀처럼 마음을 보려 하지 않는다. 얼마나 근사한 포장지를 두르고 있는지, 자신에게 어떠한 이득을 안겨줄 수 있을지에 혈안이 되어 정작 중요한 부분은 들여다보지 못한다. 물질적 표현이 동반되지 않은 진심은 더는 효력을 발휘하지 못하고, 이득을 기대할 수 없는 관계는 애초부터 시작하지 않는다.

　그런데 어쩌면 그게 이 시대를 살아내는 가장 현명한 방식일지도 모르겠다. 경쟁과 대결로 가득한 현실에서 불확실하고 증명할 수 없는 마음은 사치이자 손해라는 믿음이 통용되고 있으니까. 사랑마저 계량 하는 시대에 걸맞은 처세술일까. 계산기를 집어 던지고 자신을 온전히 드러내는 일이란 정말 관계를 패배로 이끄는 지름길에 불과할까.

인생의 모든 가치가 이해득실에 매몰된 삶이란 너무 삭막하고 씁쓸하지 않을까. 계산에 급급해 인생을 돌아볼 찰나의 여유도 없다면 그 또한 충분히 멋진 삶이겠지만, 누구든 돌아보지 않을 거라면 끝까지 돌아보지 않아야 한다. 그건 물론 계산을 모르는 사람들에게도 마찬가지다. 자신들이 영원히 놓쳐버린 것들을 결코 후회하지 않도록. (2015)

달력의 무게

 나의 직업은 달력의 존재를 무의미하게 한다. 달력은 항상 같은 곳에 놓여있지만 나는 좀처럼 달력을 바라보지 않고 계절이 바뀌어도 넘기지 못한다. 물론 휴대전화로 날짜를 확인하긴 하지만 이것은 어디까지나 오늘을 확인하기 위함이다.

 하루만 사는 사람처럼 오늘과 내일만 확인하며 날짜를 쌓는다. 그렇게 달력은 먼지만 쌓인 채 계절을 보낸다. 달력의 무게가 한없이 가벼워지는 동안 나는 정신없이 이곳저곳을 떠돈다. 눈을 뜨면 새롭고 근사한 것들로 가득한 일상은 충분히 매력적이다.

 하지만 장소든 사람이든 머무는 시간보다 스쳐 지나간 시간이 쌓일수록 아쉽고 쓸쓸한 감정이 목 끝까지 차오른다. 마치 먹을수록 허기진 병에 걸린 것처럼 마음속 어딘가의 텅 빈 공간이 넓어지는 느낌이다. 물론 그 공간을 무엇으로 채울지도 온전히 나의 몫이겠지만.

요즘은 무슨 요일인지, 그리고 잠에서 깨어나면 문득 이곳이 어딘지 헷갈릴 때가 많다. 그때마다 달력을 마주하지만 달력은 내게 더는 아무것도 말해주지 않는다. 오늘의 날짜를 안다고 해서, 오늘의 요일을 안다고 해서, 나의 오늘이 달라지진 않는다.

쓸데없는 생각인 건 알지만 가끔은 정해진 스케줄 근무표만 따라가는 일상이 아닌 남들처럼 보통의 달력을 바라보는 일상을 살고 싶다. 그렇게 나만의 보폭과, 나만의 생각과, 나만의 일정이 가득한 무거운 달력을 갖고 싶다. (2015)

간격

　사람들은 언제나 관계의 간격을 좁히려다 기어코 관계를 파탄 낸다. 당신도 얼른 나만큼의 감정을 표현해달라는 조급함에 천천히 데워진 상대방의 마음이 다시 얼어붙는다. 서로의 속도가 지나치게 다르면 불안이 엄습한다. 불안은 그림자와 같아서 관계의 모든 순간을 따라붙는다. 불안이 깃든 관계는 본래의 속도를 잃고 광분하다 마침내 고장 나버린다.

　만약 서로의 속도를 기다렸다면 달랐을까. 기다림은 많은 예술 작품 속에서 줄곧 미학적으로 해석되지만, 기약 없는 기다림은 한 사람의 인생을 피폐하게 만든다. 그렇다면 인정만이 남았을까. 서로의 속도를 기다리는 대신 서로 다른 속도를 있는 그대로 인정했더라면, 재촉하지 않았더라면, 어쩌면 우리는 지금까지 적당한 간격을 유지한 채 같은 곳을 향해 걷는 관계로 남았을까.
(2015)

온기를 간직한 사람들

 돈으로 모든 걸 산다는 시대라지만 여전히 온기를 간직한 사람들은 서로의 곁에서 소중함을 확인하며 살아간다.

 찬바람이 매서운 겨울날 가족을 떠올리며 외투 안에 붕어빵을 품고 가는 가장의 모습과, 꽃 한 송이를 들고 골목길 어귀에서 할머니를 기다리며 소년처럼 웃는 할아버지의 모습을 바라보면 마음이 따뜻해진다.

 누군가는 청승맞다고 비난할 수도 있겠지만, 세상에는 기름과 물처럼 본질적으로 다른 부류의 사람들도 존재한다. 그런데 구태여 모두와 더불어 살 필요가 있을까. 때로는 가능하면 비슷한 부류의 사람들과만 어울리며 살아가는 편이 모두의 안락과 행복에 도움이 될지도 모른다.

 지금은 돈보다 중요한 게 아직 많다고. 혹은 돈이 가장 중요하다고, 서로 다른 부류에게 구구절절 설명해야 하는 시대이다. (2015)

그날의 광주

영화 〈택시운전사〉

 그날의 광주를 겪은 사람들에게 광주는 더는 전라도에 있는 한 도시의 이름만을 뜻하지는 않는다. 그날의 광주는 사람도, 연락도 드나들 수 없는 외딴 섬이었다. 그 섬에서 참혹한 비극이 발생하는 동안 다른 지역의 사람들은 그날도 평소와 같은 하루를 보내고 있었다. 광주에서 벌어지고 있는 일을 알 길이 없었고, 혹시나 소식을 전해 들은 누군가가 군인들이 시민들을 학살하고 있다고 했을지라도 사람들은 말도 안 되는 헛소문이라며 믿지 않았을 것이다. 그 말처럼 모든 일이 헛소문이었다면 얼마나 좋았을까.

 학생들과 시민들은 생각했을 것이다. 아무리 독재정권이라도 군인들이 우리를 죽이기야 하겠냐고. 하지만 사람들이 의심했던 모든 것은 현실이 되어 무자비한 학살이 자행됐다. 군인들은 몽둥이와 칼, 그리고 총으로 거리의 평범한 사람들을 살해했다. 지금의 우리가 조금 알고 있는 것보다 훨씬 더 잔인한 방법으로. 수많은 사람이 영문도 모른 채 살해당해 시신이 되었고, 그 수많은 시신을 담을 관이 턱없이 모자라던 그날의 광주로부터 30년이라는 세월이 흘렀다. 간신히 목숨을 건진 사람들도 불구가 되거나 끝나지 않은 트라우마로 인해 살아도 살아있지 않은 삶을 이어가고 있다.

5.18은 분명히 한국에서 발생한 혁명이지만 안타깝게도 5.18은 한국 전체가 아닌 특정 지역만의 비극일 뿐이라고 생각하는 사람들도 많다. 그 시절을 살았지만 그날 광주에 없었기 때문에, 혹은 그 시절을 살지 않았고 나와는 연관이 없는 일이기 때문에, 사람들은 그날로부터 서서히 멀어지고 있다. 그날의 광주를 살았던 사람들은 여전히 그 시절에 머물러 헤어 나오지 못하는데 어떤 사람들은 그들에게 이제 지겨우니 잊고 살라는 잔인한 말을 서슴지 않는다.

구태여 자신이 직접 경험해봐야만 상대의 입장을 헤아리는 따뜻한 마음이 깃드는 건 아닐 텐데. 그날의 광주와 관련된 영화들을 보고 참 재밌었다는 후기는 사실 너무도 어울리지 않는 말이다. 슬프다거나 가슴이 먹먹하다거나 분노를 참지 못하겠다는 말이 보다 적합하게 느껴진다. 관련된 몇 권의 책과, 몇 편의 영화를 봤다고 해서 마치 그날의 광주에 대해 잘 안다고 착각해서는 안 될 것 같다. 이해와 공감의 말도 결코 피해자들의 가슴 깊은 곳까지는 닿을 수는 없을 테니까.

지금의 우리는 지구 상에 어떤 일이 벌어지든 실시간으로 연결되는 시대를 살아간다. 그런데 우리가 그만큼 주변을 살펴보고 사는지는 모르겠다. 바로 옆 동네에서 비극이 발생하고 있는 걸 당장 알 수 있는데도, 과연 얼마나 많은 사람이 그곳으로 눈길을 돌릴까. 우리 집만 문제없다면, 나한테만 문제없다면, 그렇다면 오늘도 별 탈 없는 행복한 날일까.

나는 그날의 광주를 조금도 가늠할 수 없다.
(2017)

---

* 영화 『택시운전사』 감독 장훈 2017

혼한 말들의 의미

우리는 감정 표현에 서툴다. 감정의 언어는 애초부터 불가능에 가까울 만큼 제한적이기 때문이다. 그래서 감정의 언어에 능숙한 사람들이 소설가나 시인이 되는 걸까. 하지만 보통의 사람들은 자신의 감정과 마음을 구체적으로 표현하기 막막해서 말을 얼버무린다.

그렇지만 서툴다는 이유로 감정 표현을 지나치게 아끼면 그 대가는 모두 상대방에게 향한다. 말하지 않아도 나의 사랑과, 슬픔과, 미안함과, 고마움과, 서운함을 알아주길 기대하는 건 부질없는 일이다.

사랑한다는 말, 고맙다는 말, 미안하다는 말, 보고 싶다는 말. 이렇게 감정을 표현하는 말들은 진부한 통속이라 할지라도 반드시 필요한 표현이다. 표현에 서툴다는 이유로, 부끄럽다는 이유로, 말하지 않아도 괜찮다는 착각으로, 우리는 종종 그 말들을 삼킨다. 어쩌면 상대방은 그 말들이 절실한 상황이었을지도 모르는데. 그 말들을 아끼지 않았더라면 그때의 우리는 지금과 달라졌을지도 모르는데.

우리에게 필요했던 건 시인의 언어처럼 아름다운 말들이 아닌 다만 필요한 순간에 늦지 않게 도착하는 그 흔한 말들이 아니었을까. (2015)

나를 기억하고 있는 나에게

*

 세월은 늘 빠르게 흘러갔고 나는 예전의 나로부터 점점 멀어지고 있다. 남들처럼 똑같이 살진 않겠다며 부여잡았던 나의 꿈은 이제 아련함도 남기지 않고 사라졌다.
 꿈이 인생의 전부일 수도, 그저 일부일 수도 있다는 알량한 포장으로 나의 이십 대가 저물어가고 있다. 지금은 마치 잠시나마 꿈을 품었던 대가를 혹독히 치르는 속죄의 시간처럼 느껴진다.

 성과를 내지 못한 꿈은 너무도 쉽게 쓸데없는 짓이 된다. 꿈을 위해 기존의 정해진 궤도에서 벗어날 용기보다 훨씬 더 중요한 것은 꿈꾸는 삶을 얼마나 담담하게 버텨낼 것인가다. 불안한 미래와 주변의 시선, 그리고 꿈꾸는 동안 서서히 잃어가는 일상의 소중함을 바라보며 그 서글픔을 묵묵히 견뎌야 한다.

나는 결국 작가의 꿈을 접고 동료들에게 미안한 표정을 지으며 충무로를 떠났다. 그 표정은 아마도 나 자신을 향한 미안함이었을 것이다. 이방인처럼 머쓱하게 다시 예전의 평범한 궤도로 돌아온 나는 모든 것에 과민한 상태였다. 아무런 꿈도 없었던 사람처럼 그렇게 한때는 전부였던 꿈을 외면하고 감추려 애썼다.

노력하는 사람은 아름답지만 성과 없이 노력만 하는 사람은 어쩐지 측은하다고 생각했다.

**

하지만 세월을 따라 편리해진 점들도 있다. 나를 절망으로 떨어뜨렸던 인간과 관계에 대한 근심도 어느새 조금 번거로워졌다는 점이다. 사랑도 우정도 계절이 변하듯 만남 뒤에 이별이 찾아오는 일을 대수롭지 않게 여기게 되었고, 이따금 그리움이 찾아오면 아주 잠시만 잡아둔 후 그대로 흘려보낼 수도 있게 되었다.

돌아보면 누구나 겪는 성장통이었는데 나만 혼자 유별났다. 너무 여리고 예민했던 탓일까. 기대만큼 돌아오지 않는 마음과, 경계를 몰랐던 관계의 적당선과, 관계의 지속 방법에 대한 고민들로 나는 포화상태였다. 일부러 나를 무수한 관계의 무리 속에 내던져도 봤고, 모든 관계로부터 고립시켜도 봤지만 나는 아무런 출구도 찾지 못했다.

기형적인 순수라고 할까. 그것은 주인을 공격하는 종류의 순수였던 것이다. 해결책을 찾는 것을 포기한 채 다른 사람들의 조언처럼 관계라는 건 원래 다 그런 것이니 사로잡힐 필요 없다는 흔한 말에 기대기로 했다.
어차피 내 마음대로 흘러가지 않는다는 것을 깨닫고 관계에 관한 모든 걸 체념하고 방치했다.

그런데 관계에 체념으로 일관하기 시작하면서 마침내 그토록 찾아 헤맸던 내게 가장 편리한 성격과 관념을 찾아 입게 되었고, 지금은 별다른 문제 없이 괜찮은 인물을 연기하며 살고 있다. 물론 가끔 그 인물 뒤에 숨은 진짜의 내가 할 일이 없어진다는 점이 민망할 따름이지만 말이다. 그렇게 자연스레 관계의 시작과 지속에 대한 실마리가 풀리는 듯했다.

***

돌아보면 나도 타인의 고통에 눈물 흘릴 줄 아는 소년이었다. 언제나 경계 밖의 소외된 사람들의 입장에서 세상을 바라보고 싶었고, 그들에게 침묵하는 균형을 잃은 사회를 원망했다. 쪽방촌의 노인들을 찾아가 그들의 지난한 삶을 인터뷰하며 소통을 시도했고, 이것으로 사회를 바꾸겠다고 감상에 빠진 대본을 들고 영화사를 찾아가는 객기를 부렸다.

하지만 그 짧은 시절이 지나가니 어느덧 타인의 고통이 번거로워졌다. 추운 겨울 할머니들이 나눠주는 전단지를 받아들기에는 주머니 속 내 손이 너무 시리고, 어차피 변하지 않는 사회를 위해 거리로 나가 피켓을 들기에는 밀린 업무가 너무 많다. 여전히 눈시울은 뜨겁지만 다른 사람들의 입장을 외면하는 일이 생각보다 비겁하지만은 않다는 걸 알게 되었다.

그러면서 엉뚱한 곳에 신경질 내는 일이 많아졌고, 이유도 없이 답답함을 느꼈다. 뉴스보다는 예능을, 문학보다는 드라마를 선호하게 되면서 나는 점점 가벼워졌다. 과거와의 연결고리를 잃어버린 듯한 기분이 엄습했지만, 더는 괜한 걱정을 만들지 않고 단순하게 살고 싶다는 생각과, 예전부터 이렇게 살았더라면 남들보다 늦지 않게 생활의 안정을 찾았겠다는 아쉬움도 찾아왔다.

****

결국 나는 누구의 강요도 없이, 마땅한 해결책도 없이, 단지 세월의 성실한 흐름에만 기대서, 변해가는 모든 것에 익숙해졌다. 변화를 거스르는 척했지만 남몰래 꼬리를 잡고 쫓아왔다. 어차피 이렇게 똑같이 변할 거면서 왜 그렇게 혼자만 유별나게 발버둥쳤던 걸까. 아직 사회를 모른다며 나를 비난하던 어른들에게 왜 그렇게 인상을 찌푸리며 달려들었을까. 무엇을 위해 작가의 꿈을 가슴에 품고 살았으며, 무엇을 위해 취업난에 허덕이면서도 때마다 시집을 사들였던 걸까.

누구에게나 자신을 비로소 자신으로 만들어주는 마지막 끈이 존재한다고 생각했다. 그 끈의 한쪽은 유년의 내가 잡고 있고, 다른 쪽은 지금의 내가 잡고 있다고 믿었다. 그렇다면 지금의 나는 그 끈을 놓치고도 그런 줄도 모른 채 이렇게 살아가고 있는 건 아닐까. 생각에 잠겨 집안을 배회하다 언젠가 엄마가 냉장고 문에 붙여둔 숱한 메모 중 한 장이 눈에 들어왔다.

모든 목적지는 목적지가 아니었고, 모든 길은 우회로였다.
- 헤르만 헤세 -

그렇다면 이곳이 바로 과거의 내가 그토록 바라던 목적지라는 것일까. 우회로를 통해서라도 반드시 도달하고 싶었던 그 목적지가 맞는 걸까. 나는 언제쯤 마지막 끈을 놓아버린 걸까. 과거의 내가 지금의 나를 본다면 어떤 심정일까. 실망한 기색으로 뒤돌아설까 아니면 넘어져서 울고 있는 내게 끈 한쪽을 다시 쥐여 줄까.

하지만 오늘만큼은 내가 먼저 나를 꼭 안아주고 싶다. 그동안 꿈에 전념하게 해줘서 고마웠다고. 너무 늦게 떠올려서 미안하다고. 늦었지만 이제 더는 변화에 무작정 익숙해지진 않겠다고. 그때의 나를 오래도록 기억하겠다고. 그렇게 처음으로 나 자신과 화해하고 싶다.
(2014)

정체

 계절을 앓는 날들이 많아진다. 라디오에서는 분명 국내 가요가 흘러나오고 있지만, 왠지 이국의 언어처럼 낯설게만 느껴지고, 독서를 해도 책장은 넘어가는데 생각은 허공에 머문다. 단지 집중력이 흐려진 듯하지만 이유 없이 마음이 허전하고 자꾸만 과거를 돌아보는 걸 보면 단순한 증상은 아니다.

 예전에는 계절을 앓는 일을 나약함의 상징이라고 믿었다. 그런데 지금 다시 생각하면 계절을 앓는 일은 남들보다 섬세하고 감성적인 사람들만의 특권이었다. 무작정 앓기만 하는 것이 아닌 남들은 좀처럼 감각하지 못하는 찰나의 감정과 마음을 포착하고 체화하는 사람들. 그들은 맨 처음부터 남들이 느끼지 못하는 것을 느끼고, 맨 마지막까지 남들이 볼 수 없는 것을 본다.

 계절을 만끽하는 정해진 방식이 따로 있을까. 대수롭지 않게 흘려보낼 수도, 모든 변화에 의미를 부여하며 깊숙이 잠길 수도 있겠지만, 모두 각자의 방식일 뿐 무엇도 정답이 될 수는 없다. 그들에게는 충분히 앓는 것만이 계절을 제대로 만끽하는 방식이 될 수도 있는 것처럼, 나도 한껏 산만하고 가라앉은 이 계절의 마음을 충분히 즐기며 다음으로 건너가는 나만의 방식으로 삼아야겠다. (2015)

당신이 좋아지던 그 순간

 무엇이든 너무 많이 좋아하게 되면 좀처럼 쉽게 다가갈 수 없다. 산책길에 예쁜 식물들을 많이 마주해도 손대기는 망설여지는 것처럼. 너무 먼 곳에 있다거나, 가깝지만 너무 아름다워서 만지기 조심스럽다거나. 그렇게 결국 나는 식물을 멀리서 관조하는 것에 만족한다. 감히 섣불리 다가갈 엄두가 나질 않는다. 오랫동안 좋아하던 이성 앞에서는 좀처럼 말문이 떨어지지 않는 것처럼.

 나는 늘 사람들과 멀리 떨어진 채 먼저 다가가지 못했다. 이 길목만 돌면 사람들이 있고, 그들에게 다가가면 나는 충분히 그들과 어울릴 수 있는데. 내게는 그 쉬운 일이 무척이나 버겁게 다가왔다. 그래서 오랜 시간 끝에 그들과의 관계가 형성되면 그들은 내가 이 관계를 위해 얼마나 많은 노력과 실패를 반복했는지 전혀 짐작하지 못한다.

 그 애타는 과정을 겪고 그 사람과 지금은 가까운 사이가 됐을지라도 처음의 나를 상상하면 여전히 얼굴이

붉어진다. 만약 누군가를 너무 많이 좋아해도 혹은 너무 대충 좋아해도 좀처럼 다가갈 수 없다면, 기왕이면 너무 많이 좋아하는 쪽의 어려움을 택하고 싶다. 그 망설임과 부끄러움이 사람의 일상을 얼마나 다채롭게 만드는지 잘 알고 있으니까. (2015)

사랑의 기원

 원래는 한몸이었다가 신의 분노로 둘로 갈라진 몸. 그래서 평생을 자신의 잃어버린 반쪽을 찾아 헤맨다는 사랑의 기원. 하지만 그토록 갈망하던 둘이 만나도 자신의 반쪽인 줄도 모르고 그저 스치고 만다는 사랑의 기원.

 너희 둘은 원래 한몸이었는데 그것도 모르고 그냥 무심히 지나치는구나. 한순간의 분노로 번개를 내리쳐 인간의 몸을 둘로 갈라놓은 신도 이토록 고통받는 인간들의 모습을 보면 어쩌면 이제는 조금 후회되지 않을까. 서로 맞지도 않는 다른 반쪽의 몸들과 애써 하나가 되려는 모습을 보면 허탈하겠지.

 그러게 애초에 왜 그랬을까. 단지 조금 참고 용서해 줬다면 우리가 일생을 다 바치며 잘려나간 반쪽을 찾아 헤매는 고생 없이 서로 잘들 살았을 텐데. 물론 위에서 지켜보는 입장에서는 이만큼 재밌는 일도 없을 테지만. (2013)

---

* 영화 『헤드윅』 OST "The Orgin Of Love" 인용

노동이 끝나고

노동의 하루가 끝내 저물었다. 넥타이가 온종일 목을 옥죄이고 있던 탓인지 쾌쾌한 땀 냄새가 여전히 목덜미에 끈적하게 달라붙어 있고, 작업복에는 적어도 길바닥에 서너 번은 뒹군 것처럼 깊은 주름과 얼룩이 남았다.

몸은 오늘따라 왜 이렇게 너덜거리며 비틀거릴까. 내 삶을 적정수준으로 유지해 주는 언뜻 우아해 보이는 나의 노동이 과연 나를 과거보다 정신적으로 풍요롭게 하는지는 의문이다. 의문이 아니라 타협일까. 노동 이외의 것에서 삶의 의미를 찾는 것. 그것으로 고된 노동을 향한 씁쓸한 원동력을 얻는 것만이 지금 내가 할 수 있는 최선이다.

사람들은 각자의 노동을 하면서 시들어간다. 적당히 시들어갈 때쯤 스스로 물을 줘야만 하는데 이따금 물을 줄 기력조차 없을 때가 있다. 시든 채로 잠에 빠지고, 건조하게 잠에서 깨어나면, 다시 노동의 현장으로 이끌려간다. 나는 그곳에서 작업복을 차려입고, 내가 아닌 척 연기를 시작한다. 다 시든 모습으로 머리를 굴려 계산을 한다. 하루의 대부분을 노동의 현장에서 감정과 체력을 탕진하고 그제야 나는 아주 잠시 아무도 없는 텅 빈 집에 돌아온다. 노동 현장의 낮보다 집의 칠흑 같은 어둠에 들어설 때 비로소 나는 실오라기 하나 걸치지 않은 온전한 나 자신의 모습으로 깨어난다.

노동이 질식할 듯 지루하고 답답해질 때면 언제나 마음을 다잡으려 한다. 이 노동은 노동 밖의 보람차고 생산적인 삶을 위한 단순한 반복 작업일 뿐이라고. 사무실에 있든, 외근을 하든, 육체 감성 복합 노동을 하든 결국은 약간의 차이만 있을 뿐 모두 지루한 반복인 셈이다.

나는 오늘 밤도 이렇게 묵묵히 시들어가지만, 분명히 이 반복을 견디게 해주는 마지막 끈은 존재한다고 믿는다. 단순한 자본이든, 사랑이든, 꿈이든 그것은 각자의 판단일 뿐이고, 결국은 이 힘겹고 애달픈 노동을 견디게 해줄 끈이 있다는 것 자체만으로도 깊은 위안이 된다.

잘 다려진 작업복이 옷걸이에 걸려있다. 당분간 결코 멈출 수 없을 이 노동의 실체를 나는 조금 더 치열하게 해체하고 싶은 마음이다. (2015)

대학이라는 공간

저는 사실 누구보다도 빠르게 대학교를 졸업하고 싶었습니다. 졸업이라는 말보다는 퇴원이나 탈출이라는 말이 조금 더 어울릴 것 같네요. 낭만은 숨어버렸고, 지식의 상아탑은 무너졌습니다. 이것은 물론 제가 저의 이상과 동떨어진 학교에 진학한 탓일지도 모르겠지만 저는 항상 갇혀있다는 느낌을 지울 수 없었어요.

그 울타리 안에서 저는 늘 병든 환자처럼 앓아가며 원하지 않는 사람들과, 원하지 않는 만남을 하며, 원하지 않는 과제를 해야 했지요. 저는 분명 한국이 아니었다면 대학에 진학하지 않았을 겁니다. 아마도 그럴 필요를 전혀 느끼지 못했을 테니까요. 그보다는 낮에는 카페 같은 곳에서 단순노동을 하고, 밤에는 어딘가 조용한 동네 도서관에서 책을 읽거나 뭔가를 끄적거리며 남은 하루를 보냈을 것 같습니다.

분명히 대학생활을 만족하며 알차게 보낸 사람들이 많다는 것을 알고 있습니다. 모든 사람이 저처럼 쓸쓸하게 대학생활을 하진 않았겠지요. 열정적인 학생들은 변해가는 시대에 완벽하게 적응했습니다. 그들은 하루가 모자랄 정도로 주어진 시간을 몽땅 미래에 투자했지요. 누구보다 빨리 좋은 학점을 받아, 누구보다 빨리 인턴이 되었고, 누구보다 빨리 졸업을 했으며, 누구보다 빨리 대기업의 정직원이 되었습니다.

하지만 저처럼 겉도는 학생들은 학교가 원하는 모범적인 코스를 걷지 못했습니다. 머리가 좋지 않아서 일수도 있고, 아니면 뚜렷한 목표가 없었기 때문인지도 모르겠습니다. 사사건건 시대의 흐름에 불만이 많아서 지키지도 못할 것들에 온 힘을 쏟았습니다. 인문학의 위기라는 소리에 지키지도 못할 진부한 책들에 시간을 탕진했고, 생산적이지 않은 대화들에 집착했지만, 아무도 알아주지 않는 고민과 방황은 단지 미래를 한없이 유예시킬 뿐이었습니다.

대학 시절에는 꿈을 갖는다는 것 자체가 일탈을 의미했습니다. 학생들은 대기업에 취직을 하거나 전문직이 되는 것을 꿈이라고 말했지만 사실 그것은 꿈이라기보다 목표라고 불리는 게 적합했습니다. 아픈 청춘을 위로해주겠다는 수많은 멘토가 생겨났고, 이례적인 취업난에 기생하는 새로운 직업들이 생겨났습니다. 하지만 그것들은 한순간의 위로는 될지언정 갑갑한 우리의 청춘에 어떠한 해결책도 마련해주지는 못했습니다.

우리에게 필요했던 건 우리의 사정을 다 안다는 듯 알량한 위로를 던지는 소란스러운 사람이 아니라 그냥 가만히 우리 곁에서 우리의 변화를 묵묵히 지켜봐 주는 돌덩어리 같은 존재였습니다. 하지만 꿈이라는 게 용납되지 않는 시대에서는 이런 생각들조차 사치일 뿐이고, 그 시간에 차라리 이력서에 추가할 내용을 만드는 게 훨씬 더 중요했단 말입니다. 그게 무엇을 의미하는지조차 모르는 채로 수많은 밤과 새벽이 그 몇 줄을 위해 사라졌습니다.

구멍가게 할머니에게 과자를 사며 동전을 집어 던지는 학생도 취직을 위해 노인정으로 봉사활동을 하러 다니는 모습에서 저는 실제로 입에서 쓴맛이 날 정도의 극심한 환멸을 느꼈습니다. 결국은 이런 것들을 위해 제가 그 오랜 시간 동안 학교에 갇혀있었다는 사실을 어떻게 받아들여야 할지 무척 혼란스럽기도 했고요.

대학에 머물수록 앓고 있는 기분과 갇혀 있는 느낌을 지울 수 없었습니다. 학교 안이 가장 안전하다고들 말하지만 저로서는 학교 안이 가장 위험하다는 생각이 들었거든요. 위험하다고 말하면 너무 불순해 보일 수 있으니 그렇다면 소모적이라는 말로 바꾸는 게 좋겠습니다. 지식을 쌓고자, 남들 따라서, 부모님에게 등 떠밀려서, 한국 사회에서 보통의 삶을 살아가고자, 이유 없이 그냥. 다양한 이유로 대학에 진학하지만 결국은 대학교 안에서 바보가 되어가는 저 같은 학생들도 많은 듯합니다.

예전에는 다 같이 졸업을 하고, 또 같이 좋은 직장에 취직을 했다고들 합니다. 하지만 우리는 입학한 순서와는 상관없이 준비된 순서대로 이곳을 빠져나갔습니다. 그리고 남들보다 오랜 시간이 지나서야 제게도 결국 그 날이 오고야 말았던 것이지요. 그런데 신기한 건 열정적으로 이 시대의 변화에 완벽하게 적응했던 학생들도, 그리고 운이 나빠 변화를 거스르려 악착같았던 학생들도 결국은 지금 이런 모습으로 비슷하게 살아가고 있다는 사실입니다.

결국은 이렇게 똑같은 모습이 될 것이었으면서 그때는 왜 그렇게 막을 수도 없는 변화에 저항했던 걸까요. 결국은 이렇게 한결같이 자본주의를 찬양할 거면서 도대체 무엇을 지키고자 그토록 혈안이 되었던 걸까요. 다르게 살기 위한 노력을 멈추지 않는다면 언젠가는 분명 다른 삶을 살아갈 수 있을까요. (2012)

우리 얼마나 함께

나의 이십 대여 안녕, 영원히

타인의 지옥이라 불리는 인간관계.

그 미궁 속에서 길을 잃고 주저앉아 울먹이던 시절이 있었다. 도대체 어디서부터 잘못 들어섰는지 되돌아가려 할수록 오히려 점점 깊숙이 빨려 들어가는 느낌이었다.

애초부터 바닥에 실타래를 풀면서 들어섰더라면 쉽게 되돌아갔을 것이라는 후회와 함께 끊임없이 과거를 반추하며 내면으로 침잠했다. 스스로 옥죄이는 근원적인 고독과 날카로운 신경의 칼날에 시달리던 나는 이런 고통도 어쩌면 숙명적인 알러지 반응은 아닐지 무척이나 혼란스러웠다.

분명 당신과 나, 그 사이에는 아무런 장벽이 없었다. 막다른 골목인 줄도 모르고 무작정 달려가는 천진난만한 아이처럼 우리는 그렇게 하나가 되기 위해 전속력으로 서로에게 질주했다.

그러다 하루는 서로 뭔가에 부딪혀 넘어지고 말았다. 정신을 차리고 가만히 주위를 살펴보다 문득 보이지 않는 벽이 당신과 나, 그 사이를 가로막고 있다는 걸 알아챘다.

그 벽을 허물어보려 온몸에 멍이 들도록 거듭 부딪쳐봤지만, 결국 우리는 각기 다른 위치에서 건너편의 서로를 허탈하게 바라볼 뿐이었다. 그 벽이 처음부터 존재했는지 혹은 갑자기 솟아났는지 영문도 모른 채 서로를 주저하게 된 우리에게 슬픈 예감이 찾아왔다.

어쩌면 우리가 이제 서로 영영 만날 수 없게 될지도 모른다는 불길한 예감.

불행히도 예감은 현실이 되었고, 수많은 관계는 작은 차이만 남겼을 뿐 결과는 잔인하게도 똑같은 복제일 뿐이었다. 이번에는 다를 거란 희망은 끝나지 않는 고문이 되어 나를 관계에 대한 환멸로 이끌었다.

모든 게 내 탓인 것만 같아 나 자신을 마음의 유배지에 가둬둔 채 죄책감과 우울함을 동반한 마음의 산고를 겪었다.

결국 관계라는 건 순간의 인연일 뿐이고, 인연이 사라져 가는데도 우리가 할 수 있는 게 아무것도 없는 것인지, 게다가 모든 것이 예정된 이별이라면, 그래서 앞으로 다시는 만나지 못한다면 우리가 왜 미궁 속을 헤매며 존재하지도 않는 출구를 찾기 위해 발버둥치는지 회의가 들었다.

문학 작품 속에서 간접적으로나마 그 벽의 존재에 대한 해답을 찾으려 애써봤지만, 오히려 해답보다는 생각지도 못한 다른 종류의 고민까지 끌어안게 되었다.

그러다 문득 내가 마음의 유배지에 갇혀 청춘을 유보하고 있을 때 그동안 방치해둔 관계들로부터 철저하게 고립되고 있다는 걸 느꼈다.

어차피 언젠가 보이지 않는 벽으로 갈라질 인연들이라는 허무한 체념 이전에, 관계의 소멸에 이토록 가슴이 아프다면 어쩌면 나는 회의주의자라기보다는 단지 관계에 미련이 많은 사람에 불과하지 않았을까.

결국은 고독의 시절도 관계에 대한 애증과 추억의 힘으로 버틸 수 있었다는 깨달음에, 비로소 안에서 잠갔던 마음의 문을 조금씩 열기 시작했다.

하지만 나는 아주 조금 다르게 보기 시작했을 뿐이다. 당신과 나, 우리는 언젠가 분명히 영영 볼 수 없게 될 것이라는 생각에는 변함이 없다.

그럼에도 관계의 유한성 때문에 나는 아직 서로를 가로막는 벽이 솟아나지 않는 지금, 게다가 어느 날 그 벽이 솟아날 것임을 알면서도 다시, 기꺼이 정면으로 부딪쳐 보고 싶다. 그리하여 언젠가 내가 그 벽을 눕혀 당신에게 더 가까이 건너갈 수 있는 다리로 만들 기회가 찾아온다면, 그때는 그동안 가닿은 적 없던 새로운 세계의 문이 열릴 것이라고 믿는다.

그리고 그때는 아마 내가 겪었던 고통은 단지 평범한 성장통에 불과했다고 말할 수 있는, 지금보다 조금 더 성숙한 어른이 될 수 있기를 바란다.

미궁의 끝은 다름 아닌 희망이었다고.

(2015)

진부한 에세이

Copyright ⓒ 2024 by 오수영

1판 1쇄	2017년 09월 15일
1판 2쇄	2018년 02월 27일
2판 1쇄	2020년 04월 02일
2판 3쇄	2021년 06월 29일
3판 1쇄	2024년 12월 23일

글	오수영
편집	오수영
디자인	오수영

발행인	오한조
발행처	고어라운드
출판등록	2021년 4월 12일 제 2021-00000025호
전자우편	grd-books@naver.com
팩스	0504-202-9749

ISBN   979-11-980900-5-8 (03800)

*책의 일부 또는 전부를 재사용하려면 반드시 저작권자와 고어라운드 출판사 양측의 동의를 얻어야 합니다.
*잘못된 책은 구입하신 서점에서 교환해드립니다.